परीक्षा से क्या डरना?

परीक्षा से क्या डरना?

(तनावमुक्त परीक्षा से सफलता की ओर)

सुभाष जैन

ज्ञान गंगा, दिल्ली

प्रकाशक : ज्ञान गंगा, 205-सी चावड़ी बाजार, दिल्ली-110006
सर्वाधिकार : सुरक्षित / संस्करण : प्रथम, 2017 / मूल्य : दो सौ पचास रुपए
मुद्रक : आर-टेक ऑफसेट प्रिंटर्स, दिल्ली ISBN 978-93-86054-29-6

PARIKSHA SE KYA DARNA? *by* Subhash Jain ₹ 250.00
Published by Gyan Ganga, 205-C Chawri Bazar, Delhi-110006

भारत के बालकों-किशोरों
की प्रखर मेधा
को
समर्पित

पुस्तक परिचय

क्या आप कभी **परीक्षा** से निराश हुए हैं?

क्या आपके जीवन में **परीक्षा** से कभी संकट आया है?

क्या आपको कभी **परीक्षा** में मुश्किल स्थिति का सामना करना पड़ा है?

क्या आपने **परीक्षा** से ऐसा कुछ खो दिया है, जिससे आप अब तक नहीं उबरे?

अगर इनमें से किसी भी सवाल का जवाब हाँ में है तो इस पुस्तक में जो सिद्धांत दिए गए हैं, आपके अपने प्रयासों को सफलता में बदल सकते हैं। इसकी शिक्षा को सावधानी से आत्मसात् करेंगे और अपनी जीवन में उतारेंगे, तो आपको अपने आप में आश्चर्यजनक सुधार नजर आएगा और परीक्षा निर्भीक होकर दे पाएँगे तथा परीक्षा में आप विपरीत परिस्थितियों में भी सफल हो सकते हैं।

परीक्षा में सफलता प्राप्त करना न सिर्फ अत्यंत कठिन है, बल्कि यह एक सूक्ष्म और जटिल कार्य भी है। आर्किमिडीज ने कहा था, "प्रत्येक निर्माण का आधार उसकी लीवर-योजना प्रणाली है।" यदि आप अपने कॅरियर या व्यक्तिगत जीवन में कहीं अटक गए हैं तो अधिक परिश्रम करने से संभवत: आप वह नहीं कर सकते, जो आप चाहते हैं; किंतु होशियारी से कार्य करने पर आपको सफलता मिल सकती है।

परीक्षा, प्रतियोगिता और साक्षात्कार जैसी चुनौतियों का सामना हमें अनेक अवसरों पर करना पड़ता है। ये ऐसी चुनौतियाँ हैं, जिनका सफलतापूर्वक सामना करने के लिए साहस, आत्मविश्वास और इच्छा-शक्ति का होना जरूरी है। यदि आप दृढ आत्मविश्वास एवं प्रबल इच्छा-शक्ति के साथ कार्य करें तो सफलता

अधिक समय तक आपसे दूर नहीं रह सकती। इसके लिए आपको अपने भीतर छिपी प्रतिभा तथा संभावनाओं का पता लगाकर उसका अधिकतम उपयोग करना होगा। यह पुस्तक आपको अपनी छिपी हुई संभावनाओं का पता लगाकर स्वयं को एक नए और सामर्थ्यवान व्यक्तित्व के रूप में सामने लाने तथा उसे निखारने में आपकी मदद करेगी।

सफलता की चाह सभी को होती है। हम सभी अपने जीवन से जुड़ी छोटी-बड़ी परीक्षाओं के दौर से गुजरते हैं तथा इन परीक्षाओं में सफल होना चाहते हैं, किंतु सफलता प्राप्त करने के लिए हमारे व्यक्तित्व व स्वभाव में अनेक महत्त्वपूर्ण बातों का होना आवश्यक है। वे महत्त्वपूर्ण बातें क्या हैं और उन्हें हम कैसे आत्मसात् कर सकें, यह जानना अत्यंत आवश्यक है।

किसी ऐसी परीक्षा में, जिसके लिए आप सोचते हैं कि आपने पढ़ाई की थी, अच्छी तैयारी की थी, उसमें अच्छा प्रदर्शन न कर पाना आपके आत्मविश्वास को नष्ट करके आपको अपनी ही योग्यता और क्षमता पर शक करने के लिए मजबूर कर सकता है। यदि आप सावधान नहीं हुए तो अंतत: आपके सपनों और आपकी उम्मीदों को भी नष्ट कर सकता है। अपनी पढ़ाई के प्रति आप जितने ज्यादा जागरूक होंगे, विद्यार्थी के रूप में आपकी श्रेणी भी उतनी ही ऊँची होगी। महत्त्व इस बात का नहीं है कि आप कितना पढ़ते हैं; महत्त्व तो इस बात का है कि आप किस तरह पढ़ते हैं। कैसे पढ़ा जाए—यह जान लेने के बाद पढ़ाई बोझिल नहीं बल्कि मजेदार बन जाती है। साइकिल चलाना, कार चलाना या इस तरह का कोई और काम सीखने के लिए अभ्यास तथा उचित कार्य-योजना की जरूरत होती है। अध्ययन की प्रक्रिया सीखना भी इससे अलग नहीं है।

इस पुस्तक में दिए गए योगासन का अभ्यास हर वह विद्यार्थी कर सकता है, जो पूर्ण स्वस्थ हो। ये अपनी निपुणता और आराम के स्तर के अनुसार बिना तनाव या अतिरिक्त बल के किए जा सकते हैं, जो आपको मानसिक व शारीरिक रूप से मजबूत बनाने में लाभकारी हैं।

परीक्षा आपके विशेष प्रयोजन में विषय सामग्री की दक्षता का मूल्यांकन है, ध्यान रहे 'परीक्षा' आपका मूल्यांकन नहीं है।

अनुक्रम

1

अपनी कसौटी आप बनें

—नरेंद्र मोदी

नमस्ते, युवा दोस्तो! आज तो पूरा दिन शायद आपका मन क्रिकेट मैच में लगा रहा होगा, एक तरफ परीक्षा की चिंता और दूसरी तरफ वर्ल्ड कप। हो सकता है, आप छोटी बहन को कहते होंगे कि बीच-बीच में आकर स्कोर बता दे। कभी आपको यह भी लगता होगा, चलो, यार छोड़ो, कुछ दिन के बाद होली आ रही है और फिर सिर पर हाथ पटककर बैठे होंगे कि देखिए, होली भी बेकार गई, क्यों? एग्जाम आ गए। होता है न! बिल्कुल होता होगा, मैं जानता

हूँ। खैर दोस्तो, आपकी मुसीबत के समय मैं आपके साथ हूँ। आपके लिए एक महत्त्वपूर्ण अवसर है। इस समय मैं आया हूँ। और मैं आपको कोई उपदेश देने नहीं आया हूँ। ऐसे ही हलकी-फुलकी बातें करने आया हूँ।

बहुत पढ़ लिया न, बहुत थक गए न! और माँ डाँटती है, पापा डाँटते हैं, टीचर डाँटते हैं, पता नहीं क्या-क्या सुनना पड़ता है। टेलीफोन रख दो, टीवी बंद कर दो, कंप्यूटर पर बैठे रहते हो, छोड़ो सबकुछ, चलो पढ़ो—यही सब चलता है न घर में? साल भर यही सुना होगा, दसवीं में हो या बारहवीं में। और आप भी सोचते होंगे कि जल्द एग्जाम खत्म हो जाएँ तो अच्छा हो। यही सोचते हो न? मैं जानता हूँ आपके मन की स्थिति को, इसीलिए मैं आपसे आज मन की बात करने आया हूँ। वैसे यह विषय थोड़ा कठिन है।

आज के विषय पर माँ-बाप चाहते होंगे कि मैं उन बातों को करूँ, जो अपने बेटे या बेटी को वे कह नहीं पाते हैं। आपके टीचर चाहते होंगे कि मैं वो बातें करूँ, ताकि उनके विद्यार्थी को वह सही बात पहुँच जाए और विद्यार्थी चाहता होगा कि मैं कुछ ऐसी बातें करूँ कि मेरे घर में जो प्रेशर है, वो प्रेशर कम हो जाए। मैं नहीं जानता हूँ, मेरी बातें किसके कितनी काम आएँगी, लेकिन मुझे संतोष होगा कि चलिए, अपने युवा दोस्तों के जीवन के महत्त्वपूर्ण पलों में मैं उनके बीच था। अपने मन की बातें उनके साथ गुनगुना रहा था। बस इतना सा ही मेरा इरादा है और वैसे भी मुझे यह तो अधिकार नहीं है कि मैं आपको एग्जाम अच्छे कैसे जाएँ, पेपर कैसे लिखें, पेपर लिखने का तरीका क्या हो? ज्यादा-से-ज्यादा मार्क्स पाने के लिए कौन-कौन सी तरकीबें होती हैं? मैं एक प्रकार से बहुत ही सामान्य स्तर का विद्यार्थी रहा हूँ। क्योंकि मैंने अपने जीवन में किसी भी एग्जाम में अच्छे परिणाम प्राप्त नहीं किए थे। ऐसे ही जैसे लोग पढ़ते हैं, वैसे ही मैं था और ऊपर से मेरी तो हैंड राइटिंग भी बहुत खराब थी। शायद कभी-कभी तो मैं इसलिए भी पास हो जाता था, क्योंकि मेरे टीचर मेरा पेपर पढ़ ही नहीं पाते होंगे। खैर, वो तो अलग बात हो गई, हलकी-फुलकी बातें हैं।

लेकिन मैं आज एक बात जरूर आपसे कहना चाहूँगा कि आप परीक्षा को कैसे लेते हैं, आपकी परीक्षा कैसी जाएगी, यह इस पर निर्भर करती है। अधिकतम लोगों को मैंने देखा है कि वे इसे अपने जीवन की एक बहुत बड़ी और महत्त्वपूर्ण

घटना मानते हैं; उनको लगता है कि नहीं, यह गया तो सारी दुनिया डूब जाएगी। दोस्तो, दुनिया ऐसी नहीं है। इसलिए कभी भी इतना तनाव मत पालिए। हाँ, अच्छा परिणाम लाने का इरादा होना चाहिए। पक्का इरादा होना चाहिए, हौसला भी बुलंद होना चाहिए। लेकिन परीक्षा बोझ नहीं होनी चाहिए, और न ही परीक्षा कोई आपके जीवन की कसौटी कर रही है। ऐसा सोचने की जरूरत नहीं है।

कभी-कभार ऐसा नहीं लगता कि हम ही परीक्षा को एक बोझ बना लेते हैं घर में, और बोझ बनाने का एक कारण जो होता है, यह होता है कि हमारे जो रिश्तेदार हैं, हमारे जो यार-दोस्त हैं, उनका बेटा या बेटी हमारे बेटे की बराबरी में पढ़ते हैं, अगर आपका बेटा दसवीं में है, और आपके रिश्तेदारों का बेटा दसवीं में है तो आपका मन हमेशा इस बात को कंपेयर करता रहता है कि मेरा बेटा उनसे आगे जाना चाहिए, दोस्त के बेटे से आगे होना चाहिए। बस यही आपके मन में जो कीड़ा है न, वो आपके बेटे पर प्रेशर पैदा करवा देता है। आपको लगता है कि मेरे अपनों के बीच में मेरे बेटे का नाम रोशन हो जाए। बेटे का नाम तो ठीक है, आप खुद का नाम रोशन करना चाहते हैं। क्या आपको नहीं लगता है कि आपने बेटे को इस सामान्य स्पर्धा में लाकर के खड़ा कर दिया है? जिंदगी की एक बहुत बड़ी ऊँचाई, जीवन की बहुत बड़ी व्यापकता क्या उसके साथ नहीं जोड़ सकते हैं? अड़ोस-पड़ोस के यार-दोस्तों के बच्चों की बराबरी वो कैसे करता है! और यही आपका संतोष होगा क्या? आप सोचिए, एक बार दिमाग में से.यह लोगों के साथ बराबरी का मुकाबला और उसी के कारण अपने ही बेटे की जिंदगी को छोटी बना देना, यह कितना उचित है? बच्चों से बातें करें तो भव्य सपनों की बातें करें। ऊँची उड़ान की बातें करें। आप देखिए, बदलाव शुरू हो जाएगा।

दोस्तो, एक बात है, जो हमें बहुत परेशान करती है। हम हमेशा अपनी प्रगति किसी और की तुलना में ही नापने के आदी हैं। हमारी पूरी शक्ति प्रतिस्पर्धा में खप जाती है। जीवन के बहुत से क्षेत्र होंगे, जिनमें शायद प्रतिस्पर्धा जरूरी होगी, लेकिन स्वयं के विकास के लिए तो प्रतिस्पर्धा उतनी प्रेरणा नहीं देती है, जितनी कि खुद के साथ हर दिन स्पर्धा करते रहना। खुद के साथ ही स्पर्धा कीजिए, अच्छा करने की स्पर्धा, तेज गति से करने की स्पर्धा, और ज्यादा करने की स्पर्धा, और नई ऊँचाइयों पर पहुँचने की स्पर्धा आप खुद से कीजिए, बीते

हुए कल से आज ज्यादा अच्छा हो, इस पर मन लगाइए। और आप देखिए, यह स्पर्धा की ताकत आपको इतना संतोष देगी, इतना आनंद देगी, जिसकी आप कल्पना नहीं कर सकते। हम लोग बड़े गर्व के साथ एथलीट सेरगेई बूबका का स्मरण करते हैं। इस एथलीट ने पैंतीस बार खुद का ही रिकॉर्ड तोड़ा था। वह खुद ही अपने एग्जाम लेता था। खुद ही अपने आप को कसौटी पर कसता था और नए संकल्पों को सिद्ध करता था। आप भी उसी लिहाज से आगे बढ़ें तो आप देखिए, आपको प्रगति के रास्ते पर कोई नहीं रोक सकता है।

युवा दोस्तो, विद्यार्थियों में भी कई प्रकार होते हैं। कुछ लोग, कितनी ही परीक्षाएँ क्यों न आएँ, बड़े ही बिंदास होते हैं। उनको कोई परवाह ही नहीं होती और कुछ होते हैं, जो परीक्षा के बोझ में दब जाते हैं। और कुछ लोग मुँह छुपा करके घर के कोने में किताबों में फँसे रहते हैं। इन सबके बावजूद परीक्षा परीक्षा है और परीक्षा में सफल होना भी बहुत आवश्यक है, और मैं भी चाहता हूँ कि आप भी सफल हों, लेकिन कभी-कभी आपने देखा होगा कि हम बाहरी कारण बहुत ढूँढ़ते हैं। ये बाहरी कारण हम तब ढूँढ़ते हैं, जब खुद ही कन्फ्यूज्ड हों। खुद पर भरोसा न हो, जैसे जीवन में पहली बार परीक्षा दे रहे हों। घर में कोई टीवी जोर से चालू कर देगा, आवाज आएगी, तो भी हम चिड़चिड़ापन करते होंगे; माँ खाने पर बुलाती होगी तो भी चिड़चिड़ापन दिखाते होंगे। दूसरी तरफ अपने किसी यार-दोस्त का फोन आ गया तो घंटे भर बातें भी करते होंगे। आप को नहीं लगता है, आप स्वयं ही अपने विषय में कन्फ्यूज्ड हैं।

दोस्तो, खुद को पहचानना ही बहुत जरूरी होता है। आप एक काम कीजिए, बहुत दूर का देखने की जरूरत नहीं है। आपकी अगर कोई बहन हो या आपके मित्र की बहन हो, जो दसवीं या बारहवीं के एग्जाम दे रही हो या देने वाली हो। आपने देखा होगा, दसवीं के एग्जाम हों या बारहवीं के एग्जाम हों, तो भी घर में लड़कियाँ माँ को काम में मदद करती ही हैं। कभी सोचा है, उनके अंदर यह कौन सी ऐसी ताकत है कि वे माँ को घर के कामों में मदद करती हैं और परीक्षा में लड़कों से बहुत आगे भी निकल जाती हैं। थोड़ा आप ऑब्जर्व कीजिए अपने अगल-बगल में। आपको ध्यान में आ जाएगा कि बाहरी कारणों से परेशान होने की जरूरत नहीं है। कभी-कभी कारण भीतर का होता है। खुद पर अविश्वास

होता है न तो फिर आत्मविश्वास क्या काम करेगा? इसलिए मैं हमेशा कहता हूँ, जैसे-जैसे आत्मविश्वास का अभाव होता है, वैसे-वैसे अंधविश्वास का प्रभाव बढ़ता जाता है। फिर हम अंधविश्वास में बाहरी कारण ढूँढ़ते रहते हैं। बाहरी कारणों के रास्ते खोजते रहते हैं। कुछ तो विद्यार्थी ऐसे होते हैं, जिनके लिए हम कहते हैं आरंभीशुरा। हर दिन एक नया विचार, हर दिन एक नई इच्छा, हर दिन एक नया संकल्प और फिर उस संकल्प की बाल-मृत्यु हो जाती है, और हम वहीं के वहीं रह जाते हैं। मेरा तो साफ मानना है दोस्तो, बदलती हुई इच्छाओं को लोग तरंग कहते हैं। हमारे साथी, यार-दोस्त, अड़ोसी-पड़ोसी, माता-पिता मजाक उड़ाते हैं, इसलिए मैं कहूँगा, इच्छाएँ स्थिर होनी चाहिए और जब इच्छाएँ स्थिर होती हैं, तभी तो संकल्प बनते हैं और संकल्प बाँझ नहीं हो सकते। संकल्प के साथ पुरुषार्थ जुड़ता है। और जब पुरुषार्थ जुड़ता है तब संकल्प सिद्धि बन जाता है। इसीलिए तो मैं कहता हूँ कि इच्छा प्लस स्थिरता इज इक्वल टू संकल्प। संकल्प प्लस पुरुषार्थ इज इक्वल टू सिद्धि। मुझे विश्वास है कि आपकी जीवन-यात्रा में भी सिद्धि आपके चरण चूमने आ जाएगी। अपने आप को खपा दीजिए। अपने संकल्प के लिए खपा दीजिए और संकल्प सकारात्मक रखिए। किसी से आगे जाने की मत सोचिए। खुद जहाँ थे, वहाँ से आगे जाने के लिए सोचिए। इसलिए जो रोज अपनी जिंदगी को कसौटी पर कसता रहता है, उसके लिए कितनी ही बड़ी कसौटी क्यों न आ जाए, कभी कोई संकट नहीं आ सकता है। और दोस्तो, कोई अपनी कसौटी क्यों करे? कोई अपने एग्जाम क्यों ले? आदत डालो न। हम खुद ही अपने एग्जाम लेंगे। हर दिन अपनी परीक्षा लेंगे। देखेंगे, मैं कल था, वहाँ से आज आगे गया कि नहीं गया। मैं कल था, वहाँ से आज ऊपर गया कि नहीं। मैंने कल जो पाया था, उससे ज्यादा आज पाया कि नहीं पाया। हर दिन, हर पल अपने आपको कसौटी पर कसते रहिए। फिर कभी जिंदगी में कसौटी कसौटी लगेगी ही नहीं। हर कसौटी आपको खुद को कसने का अवसर बन जाएगी और जो खुद को कसना जानता है, वह कसौटियों को भी पार कर जाता है; इसलिए जो जिंदगी की परीक्षा से जुड़ता है, उसके लिए क्लासरूम की परीक्षा बहुत मामूली होती है।

कभी आपने भी कल्पना नहीं की होगी कि इतने अच्छे-अच्छे काम कर दिए होंगे। जरा उनको याद करो, अपने आप विश्वास पैदा हो जाएगा। अरे वाह!

आपने वो भी किया था, यह भी किया था। पिछले साल बीमार थे, तब भी इतने अच्छे मार्क्स लाए थे। पिछली बार मामा के घर में शादी थी, वहाँ सप्ताह भर खराब हो गया था, तब भी इतने अच्छे मार्क्स लाए थे। अरे, पहले तो आप छह घंटे सोते थे और पिछली साल आपने तय किया था कि नहीं-नहीं, अब की बार पाँच घंटे सोऊँगा और आपने करके दिखाया था। अरे, यही तो है, मोदी आपको क्या उपदेश देगा। आप अपने मार्गदर्शक बन जाइए। भगवान् बुद्ध तो कहते थे—अप्प दीपो भवः।

मैं मानता हूँ, आपके भीतर जो प्रकाश है न, उसको पहचानिए; आपके भीतर जो सामर्थ्य है, उसको पहचानिए और जो खुद को बार-बार कसौटी पर कसता है, वो नई-नई ऊँचाइयों को पार करता ही जाता है। दूसरा कभी-कभी हम बहुत दूर की सोचते रहते हैं। कभी-कभी भूतकाल में खोए रहते हैं। दोस्तो! परीक्षा के समय ऐसा मत कीजिए। परीक्षा समय तो आप वर्तमान में ही जीना अच्छा रहेगा। क्या कोई बैट्समैन पिछली बार कितनी बार जीरो पर आउट हो गया, इसके गीत गुनगुनाता है क्या? या यह पूरी सीरीज जीतूँगा या नहीं जीतूँगा, यही सोचता है क्या? मैच में उतरने के बाद बैटिंग करते समय सेंचुरी करके ही बाहर आऊँगा कि नहीं आऊँगा, यह सोचता है क्या? जी नहीं, मेरा मत है, अच्छा बैट्समैन उस बॉल पर ही ध्यान केंद्रित करता है, जो बॉल उसके सामने आ रही है। वो न अगले बॉल की सोचता है, न पूरे मैच की सोचता है, न पूरी सीरीज की सोचता है। आप भी अपना मन वर्तमान से लगा दीजिए। जीतना है तो उसकी एक ही जड़ी-बूटी है। वर्तमान में जिएँ, वर्तमान से जुड़ें, वर्तमान से जूझें। जीत आपके साथ-साथ चलेगी।

मेरे युवा दोस्तो, क्या आप यह सोचते हैं कि परीक्षा आपकी क्षमता का प्रदर्शन करने के लिए होती है। अगर यह आपकी सोच है तो गलत है। आपको किसको अपनी क्षमता दिखानी है? यह प्रदर्शन किसके सामने करना है? अगर आप यह सोचें कि परीक्षा क्षमता प्रदर्शन के लिए नहीं, खुद की क्षमता पहचानने के लिए है। जिस पल आप अपने मंत्र मानने लग जाएँगे, आप पकड़ लेंगे न, आपके भीतर का विश्वास बढ़ता चला जाएगा और एक बार आपने खुद को जाना, अपनी ताकत को जाना तो आप हमेशा अपनी ताकत को ही खाद-पानी

डालते रहेंगे और यह ताकत एक नए सामर्थ्य में परिवर्तित हो जाएगी और इसलिए परीक्षा को आप दुनिया को दिखाने के लिए एक चुनौती के रूप में मत लीजिए, उसे एक अवसर के रूप में लीजिए। खुद को जानने का, खुद को पहचानने का, खुद के साथ जीने का यह एक अवसर है। जी लीजिए न दोस्तो!

दोस्तो, मैंने देखा है कि बहुत विद्यार्थी से ऐसे होते हैं, जो परीक्षाओं के दिनों में नर्वस हो जाते हैं। कुछ लोगों का तो कथन इस बात का होता है कि देखो, मेरी आज एग्जाम थी और मामा ने मुझे विश नहीं किया। चाचा ने विश नहीं किया, बड़े भाई ने विश नहीं किया। और पता नहीं उसका घंटा-दो घंटा परिवार में यही डिबेट होता है, देखो उसने विश किया, उसका फोन आया क्या, उसने बताया क्या, उसने गुलदस्ता भेजा क्या? दोस्तो, इससे परे हो जाइए, इन सारी चीजों में मत उलझिए। यह सारा कुछ परीक्षा के बाद सोचना कि किसने विश किए या किसने नहीं किया। अपने आप पर विश्वास होगा न तो ये सारी चीजें आएँगी ही नहीं। दोस्तो, मैंने देखा है कि ज्यादातर विद्यार्थी नर्वस हो जाते हैं। मैं मानता हूँ कि नर्वस होना कुछ लोगों के स्वभाव में होता है। कुछ परिवारों का वातावरण ही ऐसा है। नर्वस होने का मूल कारण होता है अपने आप पर भरोसा नहीं है। अपने आप पर भरोसा कब होगा, अगर विषय पर आपकी अच्छी पकड़ होगी, हर प्रकार से मेहनत की होगी, बार-बार रिवीजन किया होगा। आपको पूरा विश्वास है, हाँ-हाँ, इस विषय में तो मेरी मास्टरी है और आपने भी देखा होगा, पाँच और सात सब्जेक्ट्स में दो-तीन तो एजेंडा ऐसे होंगे, जिसमें आपको कभी चिंता नहीं रहती होगी। नर्वसनेस कभी एक-दो में आती होगी। अगर विषय में आपकी मास्टरी है तो नर्वसनेस कभी नहीं आएगी।

आपने साल भर जो मेहनत की है न, उन किताबों की रात-रात आपने पढ़ाई की है, आप विश्वास कीजिए, वह बेकार नहीं जाएगी। वो आपके दिल-दिमाग में कहीं-न-कहीं बैठी हैं, परीक्षा की टेबल पर पहुँचते ही वो आएँगी। आप अपने ज्ञान पर भरोसा करो, अपनी जानकारियों पर भरोसा करो, आप विश्वास रखो कि आपने जो मेहनत की है, वो रंग लाएगी और दूसरी बात यह, आप अपनी क्षमताओं के बारे में बड़े कॉन्फिडेंट होने चाहिए। आपको पूरी क्षमता होनी चाहिए कि वह पेपर कितना ही कठिन क्यों न हो, मैं तो अच्छा कर लूँगा।

आपको कॉन्फिडेंस होना चाहिए कि पेपर कितना ही लंबा क्यों न होगा, मैं तो सफल रहूँगा या रहूँगी। कॉन्फिडेंस रहना चाहिए कि तीन घंटे का समय है तो तीन घंटे में, दो घंटे का समय है तो दो घंटे में, समय से पहले मैं अपना काम कर लूँगा और हमें तो याद है, शायद आपको भी बताते होंगे, हम तो छोटे थे तो हमारे टीचर बताते थे, जो सरल क्वेश्चन है, उसको सबसे पहले ले लीजिए, कठिन को आखिर में लीजिए। आपको भी किसी-न-किसी ने बताया होगा और मैं मानता हूँ, इसका तो आप जरूर पालन करते होंगे।

दोस्तो, माई गोव (My Gov) पर मुझे कई सुझाव, कई अनुभव आए हैं। वे सारे तो मैं शिक्षा विभाग को दे दूँगा, लेकिन कुछ बातों का मैं उल्लेख करना चाहता हूँ।

मुंबई (महाराष्ट्र) के अर्णव मोहता ने लिखा है कि कुछ लोग परीक्षा को जीवन-मरण का इशू बना देते हैं, अगर परीक्षा में फेल हो गए तो जैसे दुनिया डूब गई। तो वाराणसी से विनीता तिवारीजी ने लिखा है कि जब परिणाम आते हैं और कुछ बच्चे आत्महत्या कर लेते हैं, तो मुझे बहुत पीड़ा होती है, ये बातें तो सब आपके कान में भी आती होंगी, लेकिन इसका एक अच्छा जवाब मुझे किसी और एक सज्जन ने लिखा है। तमिलनाडु से मिस्टर आर. कामत, उन्होंने बहुत अच्छे दो शब्द दिए हैं, उन्होंने कहा है कि स्टूडेंट्स worrier मत बनिए, warrior बनिए, चिंता में डूबने वाले नहीं, समरांगन में जूझने वाले होने चाहिए। मैं समझता हूँ कि सचमुच में हम चिंता में न डूबें, विजय का संकल्प ले करके आगे बढ़ना है और यह बात सही है, जिंदगी बहुत लंबी होती है, उतार-चढ़ाव आते रहते हैं, इससे कोई डूब नहीं जाता है, कभी-कभी अनैच्छिक परिणाम भी आगे बढ़ने का संकेत देते हैं, नई ताकत जगाने का अवसर भी देते हैं।

एक चीज मैंने देखी है कि कुछ विद्यार्थी परीक्षा खंड से बाहर निकलते ही हिसाब लगाना शुरू कर देते हैं कि पेपर कैसा गया? यार, दोस्त, माँ-बाप जो भी मिलते हैं, वे भी पूछते हैं—भई, आज का पेपर कैसा गया? मैं समझता हूँ कि आज का पेपर कैसा गया! बीत गई सो बात गई, प्लीज उसे भूल जाइए? मैं उन माँ-बाप से भी प्रार्थना करता हूँ, प्लीज अपने बच्चे को पेपर कैसा गया, ऐसा मत पूछिए, बाहर आते ही उसको कहें—वाह! तेरे चेहरे पर चमक दिख रही है,

लगता है, बहुत अच्छा पेपर गया? वाह शाबाश! चलो-चलो, कल के लिए तैयारी करते हैं! ऐसा मूड बनाइए और दोस्तो, मैं आपको भी कहता हूँ, मान लीजिए, आपने हिसाब-किताब लगाया, और फिर आपको लगा यार, ये दो चीजें तो मैंने गलत कर दी, छह मार्क कम आ जाएँगे, मुझे बताइए, इसका विपरीत प्रभाव आपके दूसरे दिन के पेपर पर पड़ेगा कि नहीं पड़ेगा? तो क्यों इसमें समय बरबाद करते हो? क्यों दिमाग खपाते हो? सारे एग्जाम समाप्त होने के बाद, जो भी हिसाब लगाना है, लगा लीजिए। कितने मार्क्स आएँगे, कितने नहीं आएँगे, सब बाद में कीजिए, परीक्षा के समय में पेपर समाप्त होने के बाद, अगले दिन के पेपर पर ही मन केंद्रित कीजिए, उस बात को भूल जाइए, आप देखिए, आपका बीस-पच्चीस प्रतिशत बर्डन यों ही कम हो जाएगा।

मेरे मन में कुछ और भी विचार आते चले जाते हैं। खैर, मैं नहीं जानता कि अब तो परीक्षा का समय आ गया तो अभी वह काम आएगा। लेकिन मैं शिक्षक मित्रों से कहना चाहता हूँ, स्कूल मित्रों से कहना चाहता हूँ कि क्या हम साल में दो बार हर टर्म में एक वीक का 'परीक्षा उत्सव' नहीं मना सकते हैं, जिसमें परीक्षा पर व्यंग्य काव्यों का कवि-सम्मलेन हो। कभी ऐसा नहीं हो सकता कि परीक्षा पर कार्टून स्पर्धा हो, परीक्षा के ऊपर निबंध स्पर्धा हो, परीक्षा पर वक्तृत्व प्रतिस्पर्धा हो, परीक्षा के परिणामों पर कोई मनोवैज्ञानिक आ करके हमें लैक्चर दे, डिबेट हो, तो परीक्षा का हव्वा अपने आप खत्म हो जाएगा। एक उत्सव का माहौल बन जाएगा और फिर जब विद्यार्थी परीक्षा देने जाएगा तो उसको आखिरी मोमेंट से जैसे मुझे आज आपका समय लेना पड़ रहा है, वो लेना नहीं पड़ता, वो अपने आप आ जाता और आप भी अपने आप में परीक्षा के विषय में बहुत विजी होते और कभी-कभी तो मुझे लगता है कि सिलेबस में ही परीक्षा विषय क्या होता है, इसे समझाने की क्लास लगनी चाहिए। क्योंकि यह तनावपूर्ण अवस्था ठीक नहीं है।

दोस्तो, मैं जो कह रहा हूँ, इससे भी ज्यादा आपको कइयों ने कहा होगा! माँ-बाप ने बहुत सुनाया होगा, मास्टरजी ने सुनाया होगा, अगर ट्यूशन क्लासेज में जाते होंगे तो उन्होंने सुनाया होगा, मैं भी अपनी बातें ज्यादा कह करके आपको फिर इसमें उलझने के लिए मजबूर नहीं करना चाहता। मैं इतना विश्वास दिलाता

हूँ कि इस देश का हर बेटा, हर बेटी, जो परीक्षा के लिए जा रहे हैं, वे प्रसन्न रहें, आनंदमय रहें, हँसते-खेलते परीक्षा के लिए जाएँ।

आपकी खुशी के लिए मैंने आपसे बातें की हैं, आप अच्छा परिणाम लाने ही वाले हैं, आप सफल होने ही वाले हैं, परीक्षा को उत्सव बना दीजिए, ऐसी मौज-मस्ती से परीक्षा दीजिए, और हर दिन अचीवमेंट का आनंद लीजिए, पूरा माहौल बदल दीजिए। माँ-बाप, शिक्षक, स्कूल, क्लासरूम, सब मिल करके करिए; देखिए, कसौटी को भी कसने का कैसा आनंद आता है, चुनौती को चुनौती देने का कैसा आनंद आता है, हर पल को अवसर में पलटने का क्या मजा होता है, और देखिए, दुनिया में हर कोई, हर किसी को खुश नहीं कर सकता है।

मुझे पहले कविताएँ लिखने का शौक था, गुजराती में मैंने एक कविता लिखी थी, पूरी कविता तो याद नहीं, लेकिन मैंने उसमें लिखा था, ''सफल हुए तो ईर्ष्या पात्र, विफल हुए तो टिका पात्र', तो यह दुनिया का चक्र है, चलता रहता है, सफल हो, किसी को पराजित करने के लिए नहीं, सफल हो, अपने संकल्पों को पार करने के लिए; सफल हो अपने खुद के आनंद के लिए, सफल हो अपने लिए। जो लोग जी रहे हैं, उनके जीवन में खुशियाँ भरने के लिए, खुशी को ही केंद्र में रख करके आप आगे बढ़ेंगे, मुझे विश्वास है दोस्तो, बहुत अच्छी सफलता मिलेगी, और फिर कभी, होली का त्योहार मनाया कि नहीं मनाया, मामा के घर शादी में जा पाया कि नहीं जा पाया, दोस्तों की बर्थडे पार्टी में इस बार रह पाया कि नहीं रह पाया, क्रिकेट वर्ल्ड कप देख पाया कि नहीं देख पाया, सारी बातें बेकार हो जाएँगी, आप और एक नए आनंद, नई खुशियों से जुड़ जाएँगे, मेरी आपको बहुत शुभकामना है, और आपका भविष्य जितना उज्ज्वल होगा, देश का भविष्य भी उतना ही उज्ज्वल होगा। भारत का भाग्य भारत की युवा पीढ़ी बनानेवाली है, आप बनानेवाले हैं, बेटा हो या बेटी, दोनों कंधे से कंधा मिला करके आगे बढ़ने वाले हैं!

आइए, परीक्षा के उत्सव को आनंद उत्सव में परिवर्तित कीजिए, बहुत-बहुत शुभकामनाएँ!

□

---

22 फरवरी, 2015 को प्रधानमंत्री श्री नरेंद्र मोदी द्वारा 'मन की बात' में प्रसारित विचार।

2

परीक्षा से डरिए नहीं

विजेता कभी निराश नहीं होता और निराश होनेवाला कभी विजेता नहीं हो सकता। हर रात के बाद एक नई सुबह आती है, हर ज्वार के बाद भाटा आता है; रात के डर से सुबह का इंतजार और ज्वार के डर से भाटे को इंतजार छोड़ देना बिल्कुल ठीक नहीं है। सफलता की राह पर चलते हुए बाधाओं, मुश्किलों के डर से प्रयास मत छोडिए; क्योंकि मंजिल इन्हीं बाधाओं और मुश्किलों के पीछे छिपी हुई है। अगर परीक्षा में सफल होने के मात्र 1 प्रतिशत भी आसार हैं तो कम नहीं हैं; क्योंकि आग जलाने के लिए एक चिनगारी भी बहुत होती है। इस प्रकार 1 प्रतिशत आसार या एक चिनगारी से भी अपने उद्‌देश्य में कामयाब हुआ जा सकता है। इसलिए असफलता की 99 प्रतिशत आशंका को मत गिनिए, बल्कि सफलता की 1 प्रतिशत संभावना को गिनिए। 'परीक्षा' एक ऐसा शब्द है, जिसे सुनकर लगभग सभी विद्यार्थियों के दिल की धड़कनें बढ़ जाती हैं। आप कितनी भी परीक्षाएँ क्यों न दे चुके हों, लेकिन सामने आने वाली परीक्षा को लेकर एक डर तो मन में बस ही जाता है। वैसे परीक्षा को लेकर होने वाली यह चिंता या डर काफी हद तक इस बात का परिणाम है कि आपने पूरी तरह से तैयारी नहीं की है। मन में असफल हो जाने का भय आते ही परीक्षा की चिंता बढ़ जाती है। परीक्षा को लेकर चिंतित नहीं बल्कि सतर्क और सक्रिय होने की जरूरत होती है। इसका लाभ उठाते हुए पढ़ाई के प्रति अपनी लगन और एकाग्रता को बढ़ाइए। परीक्षा को लेकर चिंतित होना कुछ हद तक तो स्वाभाविक और

लाभदायक भी है, लेकिन तभी तक जब तक उससे आपका आत्मविश्वास प्रभावित न हो। अकसर देखा गया है कि परीक्षा को लेकर अत्यधिक चिंतित विद्यार्थी अन्य कम चिंतित विद्यार्थियों की तुलना में खराब प्रदर्शन कर आते हैं, भले ही उनकी तैयारी एक जैसी क्यों न हो।

परीक्षा के भय से बचने के लिए उपयुक्त तैयारी कीजिए

- परीक्षा में अच्छा प्रदर्शन करने और परीक्षा की चिंता से मुक्त होने का सबसे अच्छा रास्ता है—अच्छी तैयारी। अच्छी तैयारी के बिना कोई भी तकनीक परीक्षा में मदद नहीं पहुँचा सकती। जो भी संसाधन आपके पास उपलब्ध हैं, उन्हें लेकर समय से तैयारी कीजिए। परीक्षा की तिथि और समय को ध्यान में रखकर एक उपयुक्त समय-सारिणी बनाइए और उसके अनुसार प्रत्येक विषय की तैयारी कीजिए।

अच्छी तैयारी के लिए समूह बनाकर पढ़ाई कीजिए। एक-दूसरे से प्रश्न पूछिए और उनके उत्तर ढूँढ़िए।

समय-सारिणी का दृढता से पालन कीजिए। यह समय-सारिणी कुछ इस तरह तैयार कीजिए कि पाठ्यक्रम पूरा होने और परीक्षा की तिथि के बीच कुछ अतिरिक्त समय आपके पास बचे, जिसमें आप अपनी पढ़ाई को दोहरा सकें।

परीक्षा के लिए आवश्यक सामग्री पहले से जुटाकर रखिए, ताकि अंतिम समय पर उसे ढूँढ़ने की चिंता न रह जाए। इससे परीक्षा से पूर्व की चिंता से बचा जा सकता है।

पढ़ाई के साथ-साथ शारीरिक और मानसिक विश्राम भी जरूरी है। इससे मन-मस्तिष्क ठीक से काम करता है। अतः परीक्षा तैयारी के दौरान भरपूर नींद लें।

परीक्षा से संबंधित सारे काम समय से कुछ पहले निबटाने की कोशिश कीजिए, ताकि घबराहट और जल्दबाजी से बचा जा सके। भागते हुए और देर से परीक्षा भवन में पहुँचने से चिंता और घबराहट कई गुना बढ़ जाती है, जिसका आत्मविश्वास पर बुरा प्रभाव पड़ता है।

नकारात्मक सोच मन में कतई न आने दीजिए। अपना आत्मविश्वास और

मनोबल बनाए रखिए। सकारात्मक सोच और अच्छी तैयारी से सफलता बहुत आसान हो जाती है।

परीक्षा के दौरान अनावश्यक बहसबाजी से बचिए। अपने आप पर विश्वास कीजिए और उसी विश्वास के साथ परीक्षा में बैठिए।

इधर-उधर की बातों की चिंता छोड़कर अपना पूरा ध्यान परीक्षा पर दीजिए। यह देखने की कोशिश मत कीजिए कि अन्य विद्यार्थी क्या कर रहे हैं।

परीक्षा भवन में प्रश्नपत्र को चिंतामुक्त होकर ध्यान से पढ़िए। सबसे पहले उन प्रश्नों का उत्तर लिखिए, जिनका उत्तर आपको अच्छी तरह से आता है। इस प्रकार धीरे-धीरे आसान से कठिन प्रश्नों की ओर बढ़िए। इससे आपका आत्मविश्वास बना रहेगा और परीक्षक को भी प्रभावित करने में मदद मिलेगी।

परीक्षा भवन में अपने पास उपलब्ध कुल समय का कुछ इस प्रकार प्रबंधन करें कि प्रश्नों के उत्तर देने के बाद भी कुछ अतिरिक्त समय बचे, जिसमें आप अपने लिखे हुए उत्तरों को एक या दो बार दोहरा सकें और यदि उसमें कोई गलती छूट रही हो तो उसे ठीक कर सकें।

सफल विद्यार्थी हेतु मूलभूत सिद्धांत

कभी आपने स्वयं से पूछा है—'मुझे और भी ज्यादा पढ़ने की जरूरत है' या 'कोर्स पूरा करने लिए मेरे पास और समय होता तो अच्छा होता?'

सफलता की तुलना में हमारी असफलताएँ ज्यादा क्यों होती हैं? इसका एक महत्त्वपूर्ण कारण हो सकता है—उपयुक्त नियोजन की कमी। उपयुक्त कार्य-योजना बनाकर आप कम समय में ज्यादा अच्छी तैयारी कर सकते हैं। इसलिए अपने लक्ष्य के अनुसार पहले उपयुक्त कार्य-योजना बनाना जरूरी है। सफल विद्यार्थी बनने के लिए निम्न चरणों के अनुसार कार्य करना चाहिए—

1. समझ विकसित कीजिए

किसी निश्चित दिन या निश्चित अवधि में आपको क्या करना है, यह जानने के लिए पहले जरूरी है कि आप अपने आपको जानें। अपने स्वयं के बारे में समझ और दृष्टिकोण विकसित करें। समझने की कोशिश कीजिए कि

आप मौके पर जहाँ हैं, वहाँ किसलिए हैं, स्कूल में हैं तो किसलिए हैं, कॉलेज में हैं तो किसलिए, अपने जीवन में आप स्वयं से क्या उम्मीद रखते हैं, आपके लिए वास्तव में महत्त्वपूर्ण क्या है? महत्त्वाकांक्षी बनिए और उसके अनुसार अपना दृष्टिकोण तैयार कीजिए।

2. ठोस लक्ष्य निर्धारित कीजिए

आपके लिए क्या महत्त्वपूर्ण है और उसके लिए आपके पास क्या संसाधन उपलब्ध हैं—यह जान लेने के बाद एक मजबूत लक्ष्य निर्धारित करने की जरूरत होती है। लक्ष्य निर्धारित करते समय उससे संबंधित सभी आवश्यक पहलुओं पर विचार कर लेना बहुत जरूरी है।

3. दैनिक कार्य-योजना तैयार कीजिए

अपना व्यक्तिगत दृष्टिकोण तथा मजबूत लक्ष्य कर लेने के बाद उसे प्राप्त करने के लिए एक दैनिक कार्य-योजना बनाएँ। अपने पास उपलब्ध समय का इस प्रकार प्रबंधन कीजिए कि आप समय पर अपने सारे कार्य निपटा सकें। यानी अपने पास कुल उपलब्ध समय और कुल आवश्यक कार्यों के बीच उपयुक्त सामंजस्य बैठाकर ही दैनिक कार्य-योजना तैयार कीजिए। कार्य-योजना में पिछले दिन के अध्ययन कार्य को दोहराने के लिए सुबह के समय पंद्रह मिनट या आधा घंटा अलग से रखिए।

4. पढ़ाई के साथ विश्राम भी जरूरी

खेलने के साथ दूसरी हॉबीज में रेडियो, टेलीविजन और मोबाइल देखकर काफी आराम मिलता है। यद्यपि परीक्षा के समय ये सब बातें हमें नहीं करनी चाहिए। परंतु लगातार पढ़ाई से दिमाग थकान महसूस करने लगता है। यदि इसे थोड़ा आराम दे दिया जाए, तो दुबारा यह दोगुनी शक्ति से कार्य करेगा।

5. पढ़े विषय को दोहराना सबसे अच्छी बात

किसी सैनिक, अभिनेता, वक्ता या किसी विद्यार्थी, सभी में एक समानता

देखने को मिलती है, वह है कार्य के ठीक शुरू होने के पहले नर्वस हो जाना—काफी दिनों से अभ्यास जारी रखते हुए भी।

परीक्षा से पहले

जैसे-जैसे परीक्षा के दिन निकट आते हैं, उसे लेकर मन में बसा डर बढ़ने लगता है। ऐसे में कुछ विशेष सावधानियाँ बरतने की आवश्यकता होती है। यदि आपने पहले अपनी कार्य-योजना अथवा समय-सारिणी के अनुसार अपना पाठ्यक्रम परीक्षा से कुछ दिन पहले तक पूरा कर लिया है तो चिंतित होने की जरूरत नहीं हैं। अब परीक्षा से पूर्व के इन दिनों में आप अपने मन को शांत और संतुलित रखने की कोशिश कीजिए। मन पर पड़ रहे अध्ययन के दबाव को भी कुछ कम कर सकते हैं; क्योंकि इन दिनों आपको स्वयं को शारीरिक और मानसिक, दोनों रूपों से परीक्षा के लिए तैयार करना है। इन दिनों में स्वयं को सहपाठियों अथवा दोस्तों के साथ किसी प्रकार के अनावश्यक और उबाऊ तर्क-वितर्क में मत उलझाइए; क्योंकि इससे आपकी ऊर्जा का गलत दिशा में इस्तेमाल होगा और आपके आत्मविश्वास पर भी विपरीत प्रभाव पड़ सकता है।

दुनिया में समय से ज्यादा मूल्यवान और कोई दूसरी वस्तु नहीं है। यह कमान से निकलने वाले तीर की तरह है, जो निकलने के बाद वापस नहीं आता। अत: विद्यार्थी को भी इसका अधिकतम संभव सदुपयोग करना चाहिए। अपनी समय-सारिणी कुछ इस तरह तैयार कीजिए कि आप अपने उपलब्ध समय का अधिक प्रयोग कर सकें और अधिक-से-अधिक अच्छी तैयारी कर सकें। समय-सारिणी का दृढता से पालन करना थोड़ा मुश्किल जरूर हो सकता है, लेकिन यह जरूरी है।

- परीक्षा में क्या-क्या और किस रूप में पूछा जाएगा—इसे लेकर एक बार पुन: आश्वस्त हो लीज़िए।
- क्या आपने अब तक अपना पाठ्यक्रम पूरा कर लिया है? यदि नहीं, तो अब बहुत देर हो गई है। आपके पास पाठ्यक्रम पूरा करने के लिए समय नहीं बचा है। यह समय तो आपको अपनी तैयारी का पुनरीक्षण करने के लिए है। यदि आप पाठ्यक्रम की समाप्ति के निकट हैं तो

जल्दी से उसे पूरी कीजिए और उसके बाद पूरे पाठ्यक्रम का पुनरीक्षण और पुनरावृत्ति शुरू कीजिए।

- अध्यापक के व्याख्यान के आधार पर या उसकी मदद से आपने जो नोट्स तैयार किए हैं, उन्हें भलीभाँति दोहरा लेना बहुत जरूरी है। अपने व्याख्यान के दौरान अध्यापक ने जिस सामग्री अथवा विषय पर जयादा जोर दिया था, उस पर विशेष ध्यान दीजिए।

परीक्षा से ठीक पहले का दिन

यह दिन हर दृष्टि से आपके लिए बहुत महत्त्वपूर्ण है। इस दिन आपको पूरी तरह से शांत, स्वस्थ और संतुलित बने रहना है। पूरे पाठ्यक्रम की पूरी सामग्री, जिसमें से परीक्षा में प्रश्न पूछे जाने हैं, को शुरू से आखिरी तक एक बार दोहराइए। ध्यान रहे, इस दिन आपको स्वयं पर मानसिक अथवा शारीरिक किसी भी तरह का कोई दबाव नहीं बनाना चाहिए। पूरी तैयारी एक बार पुनरीक्षण करने के बाद सोने की तैयारी कीजिए तथा मन में किसी प्रकार का तनाव महसूस न कीजिए, ताकि आप रात में अच्छी और पूरी नींद सो सकें और सुबह जल्दी व तरोताजा होकर उठें।

परीक्षा का दिन

सुबह सोकर जल्दी उठिए और परीक्षा के लिए निकलने से पहले पूरी सामग्री, जो आपने पिछली रात पढ़ी थी—को एक बार दोहराइए। ध्यान रहे, यह समय याद करने या रटने का नहीं है; आपको सिर्फ यादों को ताजा करने के लिए सामग्री को सरसरी नजर से पढ़ना है। परीक्षा के लिए निकलते समय अंतिम मिनटों में पढ़ना अच्छा नहीं हो; इससे बचिए, क्योंकि इससे पाठ्य-सामग्री या अपनी तैयारी को लेकर आपके मन में दुविधा पैदा हो सकती है, जो आपकी मानसिक तैयारी पर विपरीत प्रभाव डालेगी।

परीक्षा भवन में

अपना आत्मविश्वास और मनोबल बनाए रखिए। मन पर किसी प्रकार का दबाव महसूस न कीजिए। उत्तर-पुस्तिका मिलने पर उसमें आवश्यक सूचनाएँ

साफ-साफ भरिए। इससे पहले अपने उत्तर-पुस्तिका की जाँच कर लीजिए कि उसमें सभी पन्ने साफ-सुथरे और पूरे हैं। प्रश्न-पत्र मिलने के बाद यह देख लीजिए कि उसमें सभी प्रश्न साफ-साफ और पूरे छपे हैं। यह जाँच करने के बाद एक-एक कर सभी प्रश्नों को ध्यान से पढ़िए और प्रश्नों की अंक-व्यवस्था (यानि किस प्रश्न के लिए कितने अंक निर्धारित किए गए हैं) को ध्यान में रखकर अपने पास उपलब्ध कुल समय को अलग-अलग प्रश्नों के लिए बाँट लीजिए। अपने पास एक घड़ी रखिए। उसे देखकर अपने ऊपर लिखने की औसत गति की बराबर जाँच करते रहिए। उत्तर लिखते समय दूसरे विद्यार्थियों के बारे में सोचने की बजाय अपने उत्तर पर ही अपना ध्यान केंद्रित कीजिए।

परीक्षा की कसौटी

क्या कभी सोचा आपने परीक्षा तो आपके जन्म लेते ही प्रारंभ हो जाती हैं—जन्म के समय डॉक्टर यह देखता है आप रोए या नहीं? यदि आप को रोना आता है तो वे यह मान लेते हैं, सबकुछ ठीक है। बालक पूर्णरूप से स्वस्थ है। अतः परीक्षा का भय यह दरशाता है कि आपके लिए सफलता अहम है और आप सफल होना चाहते हैं। मात्र आप उत्कृष्ट प्रदर्शन के लिए चिंतित हैं, यह सब ही तो एक अच्छे विद्यार्थी का गुण है, जो उसे ऊर्जावान बनाता है।

परीक्षा जीवन की एक कठिन, अनुशासनात्मक राह सिखाती है, परंतु इस राह में उस व्यक्ति को बहुत सुख मिलता है, जो खुद को और दुनिया की कठिन परिस्थतियों को जीत लेता है। बहुत लोग जीवन की समस्याओं के सामने हार मान लेते हैं, वे संघर्ष करते हैं, मुँह बनाकर शिकायत करते हैं और यह मान लेते हैं कि जिंदगी में उनकी किस्मत खराब है। यह दुःख है कि लोग समस्याओं, चिंताओं और मुश्किलों के सामने हार मान लेते हैं, परंतु ऐसा नहीं होना चाहिए। ऐसा कहते समय मैं निश्चित रूप से दुनिया की कठिनाइयों और त्रासदियों को न तो नजरअंदाज कर रहा हूँ, न ही उन्हें कम करके आँक रहा हूँ। परंतु मैं उन्हें खुद पर हावी होने की अनुमति भी नहीं देता। आपको तब तक हारने की जरूरत ही नहीं है, जब तक कि आप खुद ही न हारना चाहें। जीवन की राह आसान नहीं है, दरअसल यह कठिन हैं, परंतु यह खुशी, आशा और

विजय से भरी हुई है। मैं आपके लिए प्रार्थना करता हूँ। यह विश्वास करें और सफलता आपके कदम चूमेगी।

काम को टालने की आदत छोड़े

यदि आप वास्तव में सफल होना चाहते हैं तो आपको कार्यों को टालने की आदत का त्याग करना होगा। जो कार्य जरूरी है, उसे सही समय पर करें। आपने सुना ही होगा, "काल करे सो आज कर, आज करे सो अब, पल में परलय होएगी, बहुरि करेगा कब।" मतलब कि हमें कल के काम को आज और आज के काम को अभी कर लेना चाहिए।

अध्ययन के लिए उपयुक्त स्थान का चयन

पढ़ाई के लिए एक उपयुक्त एवं शांत जगह का चुनाव करना बहुत जरूरी है। पढ़ाई का स्थान ऐसा होना चाहिए जहाँ पर पूरी एकाग्रता और शांत मन से बैठकर पढ़ा जा सके। यदि घर छोटा हो या घर में ऐसा कोई उपयुक्त स्थान न हो तो घर के बाहर किसी शांत जगह, किसी दोस्त के घर या किसी पुस्तकालय में जाकर पढ़ना ज्यादा अच्छा होगा।

समय सारणी का पालन

परीक्षा में सफलता के लिए आवश्यक है कि पढ़ाई के लिए निर्धारित समय की एक समय सारणी बनाएँ। उस समय सारणी में हर विषय के लिए

एक निश्चित समय आवंटित करें। एक सही समय सारणी बनाने पर ही आप हर विषय पर सही ध्यान दे पाएँगे। और केवल समय सारणी बना लेना ही पर्याप्त नहीं है, उसका पालन करना भी जरूरी है।

खेलकूद एवं मनोरंजन

एक विद्यार्थी के सर्वांगीण विकास के लिए जरूरी है कि उसे पढ़ाई के साथ-साथ खेलकूद और मनोरंजन के लिए भी समय निकालना चाहिए। खेलकूद से शारीरिक विकास होता है। घर के अंदर भी आप बुद्धिवर्धक खेलों का आनंद ले सकते हैं।

बड़े कार्यों को बाँटें

कोई भी बड़ा कार्य जब हम करने लगते हैं तो शुरुआत में बहुत कठिन और असंभव लगता है, लेकिन जब हम उसे छोटे-छोटे टुकड़ों में बाँट देते हैं और तो वही काम आसान हो जाता है। इसी प्रकार पढ़ाई में भी बड़े पाठ या सूत्रों को छोटे भागों में बाँट कर आसान बनाया जा सकता है। इससे पढ़ना आसान और रुचिकर हो जाता है।

अपने ऊर्जा स्तर को जानें

दिन में अलग-अलग समय पर हर व्यक्ति की शारीरिक और मानसिक ऊर्जा का स्तर अलग हो सकता है। उदाहरण के तौर पर कुछ लोग सुबह के समय ज्यादा ताजादम और ऊर्जावान महसूस करते हैं तो कुछ लोग शाम को या फिर रात के समय। कुछ लोगों को सुबह उठ कर पढ़ा हुआ ज्यादा याद रहता है तो कुछ को देर रात को पढ़ा हुआ। तो जिस समय आप अपने को ज्यादा ताजादम और ऊर्जावान महसूस करते हैं, वह समय आप अपनी पढ़ाई के लिए रखें।

पढ़ाई के बीच अल्प विश्राम लें

पढ़ाई के दौरान आपका दिमाग थक जाता है। जब भी आप थकान महसूस करें तो एक अल्प विश्राम जरूर लें। आमतौर पर पढ़ाई करते समय 30 से 40 मिनट के बाद आपको थोड़ा आराम करना चाहिए।

मुख्य बिंदुओं को हाईलाइट करें

जब भी आप पढ़ाई करने बैठें, अपने साथ एक हाईलाइटर पैन हमेशा रखें। अगर आपको कोई महत्त्वपूर्ण नाम, तिथि, स्थान या वाक्य दिखाई दे तो फौरन उसे हाईलाइट कर लीजिए। इस तरह से दोहराव करते समय आपको काफी मदद मिलेगी।

लक्ष्य निर्धारित करें

पढ़ाई के लक्ष्य निर्धारित कीजिए। आप कौन सा अध्याय या किताब कितने दिनों में खत्म करना चाहते हैं, कौन से विषय पर विशेष ध्यान देने की जरूरत है अथवा अपने मनपसंद कॉलेज में जाने के लिए कितने प्रतिशत अंकों की जरूरत होगी। इस प्रकार अपनी पढ़ाई के लक्ष्य को तय करना बहुत जरूरी है। अगर आप हर हफ्ते, महीने का लक्ष्य निर्धारित करते हुए पढ़ाई करेंगे तो साल के अंत में बिना घबराहट के सही ढंग से परीक्षा की तैयारी कर पाएँगे।

शरीर को स्वस्थ रखें

एक स्वस्थ शरीर में ही एक स्वस्थ मन निवास करता है, इसलिए सुबह के

समय सैर पर जाएँ और अपने सामर्थ्य के अनुसार व्यायाम करें। जितना स्वस्थ आपका शरीर होगा, उतने ही आप एक्टिव और आत्मविश्वास से भरे रहेंगे।

प्रश्नों के उत्तर खोजें

यदि आपके मन में कोई प्रश्न है या किसी प्रश्न का उत्तर आपको समझ नहीं आता तो निस्संकोच अपने अध्यापक से सहायता माँगें। हो सकता है कि ज्यादा या बार-बार प्रश्न पूछने के लिए आपके अध्यापक आपको डाँट दें, पर विश्वास कीजिए कि जो विद्यार्थी वास्तव में सीखने की इच्छा रखता है उसे सभी टीचर्स पसंद करते हैं और उसकी मदद के लिए सदा तैयार रहते हैं।

संसाधनों का समुचित इस्तेमाल

पढ़ाई के लिए उपलब्ध सभी संसाधनों का भरपूर प्रयोग करें। किताबों को ध्यान से पढ़ें, पुस्तकालय में जाएँ, अपने अध्यापकों और अभिभावकों से सहायता लें, दोस्तों और बड़े भाई-बहन से मदद माँगें, इंटरनेट और टेलीविजन आदि सभी उपलब्ध संसाधनों का सकारात्मक प्रयोग करें।

स्वयं को प्रोत्साहित करें

परीक्षा भवन में जाने से पूर्व स्वयं को प्रोत्साहित करें। जीवन की उन घटनाओं को याद करें, जब आप सफल हुए थे। स्वयं को विश्वास दिलाएँ कि आप पहले भी कठिन परिस्थितियों एवं परीक्षाओं में सफल हो चुके हैं। इस परीक्षा में भी आप जरूर अच्छे अंकों के साथ सफल होंगे। इस प्रकार के सकारात्मक विचारों से आपका मनोबल बढ़ेगा और आप परीक्षा में अधिक बेहतर प्रदर्शन कर पाएँगे।

ध्यानपूर्वक पढ़ें

जब भी आप कोई परीक्षा देते हैं तो उत्तर लिखना शुरू करने से पहले प्रश्न-पत्र को कम-से-कम दो बार ध्यानपूर्वक पढ़ लें। यह सुनिश्चित कर लें कि प्रश्न क्या है और उसका सही उत्तर क्या होगा। कई बार घबराहट में हम प्रश्न समझ ही नहीं पाते और गलत उत्तर लिख देते हैं।

शांत रहें

परीक्षा में यदि उत्तर याद करने में कठिनाई हो तो घबराने कि आवश्यकता नहीं है; घबराहट से स्थिति और अधिक बिगड़ सकती है। आँखें बंद करके कुछ पल के लिए चुपचाप बैठ जाएँ और गहरी साँस लें। इससे आपके मन को शांत करने में सहायता मिलेगी, फिर धीरे-धीरे उत्तर याद करने की कोशिश करें। जो भी मुख्य बिंदु याद आए उसे कागज पर लिख लें।

ध्यान रखें, यदि जीवन में उतार-चढ़ाव न हों तो जीवन रसहीन हो जाता है, इसलिए जीवन में असफलताओं का होना भी उतना ही महत्त्वपूर्ण है जितना की सफलताओं का। असफलताओं से लड़ते हुए जब आदमी सफलता प्राप्त करता है, तभी वह उसका पूर्ण आनंद ले सकता है। इसलिए अपने मन को असफलता के डर से ग्रसित न होने दें, क्योंकि जिस व्यक्ति के मन में यह भय बैठ जाता है, वह जीवन में कुछ नहीं कर पाता।

माता-पिता क्या करें

बच्चों की परीक्षा के 2-3 हफ्ते पहले से ही तैयारी शुरू कर दें। उनका पूरा सेलेबस देखकर यह निर्णय लें कि उन्हें कहाँ से तैयारी शुरू करानी है। देरी करने से कोई फायदा नहीं होता, इससे बच्चे परीक्षा का दिन आते-आते घबराने लगेंगे। अच्छा होगा कि आप सबसे पहले उन बिंदुओं पर ध्यान दें जिसमें आपका बच्चा कमजोर है।

कामकाजी माता-पिता बच्चों पर ज्यादा ध्यान नहीं दे पाते इसलिए वे अपने बच्चों को ट्यूशन भेज देते हैं। ऐसे में जब बच्चे वापस पढ़कर आएँ तब उनसे क्लास में क्या-क्या पढ़ाया गया है, जरूर पूछें।

जो माताएँ बाहर काम करती हैं, वे घर से निकलने से पहले बच्चों को होमवर्क देकर जाया करें। जब वापस आएँ तो उसका होतवर्क जरूर चेक करें और अगर काम अच्छा हो तो उसकी तारीफ भी करें। इससे बच्चों का मनोबल बढ़ता है और उन्हे परीक्षा का दबाव झेलने की ताकत भी आती है।

बच्चों की हमेशा लिखित परीक्षा लेते रहें। परीक्षा की तैयारी का यह एक अच्छा माध्यम है।

अगर आपको लगता है कि बच्चा मन लगाकर तैयारी नहीं कर रहा है तो उसके प्रति थोड़ा सा सख्त व्यवहार अपनाएँ। उसे परीक्षा में फेल होने के परिणाम बताएँ जिससे वह थोड़ा सीरियस हो जाए। पर कभी भी बच्चे को मारें-पीटें नहीं वरना वह निराश हो जाएगा और किताबों के प्रति उसका लगाव भी कम हो जाएगा।

रिवीजन बहुत जरूरी है। इससे बच्चे को पाठ याद रखने में बहुत मदद मिलेगी। हर दूसरे दिन बच्चे से पुराना पढ़ाया गया पाठ पूछें। जिस दिन बच्चा परीक्षा देने के लिए जा रहा हो तब उसको सुबह जल्दी उठा दें और रिवीजन करने को बोलें।

सुझाव विशेषज्ञों से

परीक्षा हॉल में शांत भाव से प्रश्न-पत्र हल करें। महाराष्ट्र से एक माता श्री शुभांजीजी का कहना है, उनका पुत्र गौरव परीक्षा से चार दिन पूर्व तलवारबाजी की कलकत्ता में आयोजित नेशनल प्रतियोगिता में जीतकर महाराष्ट्र आया, फिर शत प्रतिशत अंकों से बोर्ड की परीक्षा उत्तीर्ण की, फिर एन.डी.ए. पास किया, जो यह दरशाता है, परीक्षा के साथ अन्य गतिविधियों का भी तारतम्य बना, तभी उत्कृष्ट प्रदर्शन किया जा सकता है, बस अपने पर विश्वास और समय का सही उपयोग करना आना चाहिए।

समाधान योग से

'अभ्यास' समकोणासन (सी)

प्रत्येक दक्षता के लिए अभ्यास की आवश्यकता होती है। जब शरीर योग का अभ्यस्त हो जाता है, तो अंग-संचालन आसानी से होता है, तब ऐसा लगता है, जैसे अभ्यासी मुद्राओं में तैर रहा हो और श्वास की लय में बह रहा हो। जब अभ्यास निरंतर जारी रहता है तो सबकुछ अच्छा होता है। 'अभ्यास ही वास्तविक शिक्षक है।' निरंतर प्रयास से जटिल भी सरल हो जाता है, मुश्किल आसान हो जाता है और चुनौती मित्र की तरह नजर आती है। समकोणासन

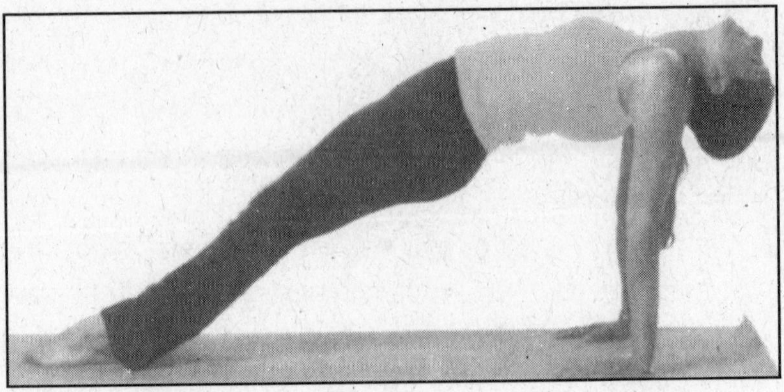

(सी) अभ्यास की आदत को बलवती बनाने वाली बेहतरीन मुद्रा है। यह एक चुनौतीपूर्ण मुद्रा है, जो शुरुआत में भयावह लग सकती है, लेकिन बाद में रोमांच में विकसित हो सकती है। इस मुद्रा के दोहराव से चिर-परिचित प्रवाह निर्मित होता है। शरीर की सीमाओं को स्वीकार करना अधिक आसान बन जाता है और जब इस मुद्रा का अभ्यास किया जाता है तो हर बार इसमें थोड़ी अधिक प्रगति होती है।

- बैठकर शुरू करें और पैरों को चौड़े फैला लें।
- साँस खींचते हुए रीढ़ को लंबा करें और साँस छोड़ते समय आगे झुकें।
- हाथ फर्श पर रख लें और कई साँसों तक इसी मुद्रा में रहें।
- प्रक्रिया दोहराएँ और हर बार पैरों को थोड़ा ज्यादा फैलाएँ।

□

3

आत्मविश्वास : सफलता का मूलमंत्र

विलियम शेक्सपीयर ने ठीक ही कहा है, ''मनुष्य की महानता साहस से मापी जाती है, न कि कायरता से। साहस हमेशा अवसर पहचानता है। कमरा बंद करके अकेले बैठकर अपने भाग्य को मत कोसिए।''

कठिनाइयों के बड़े-बड़े पहाड़ों का हटा देने की जादू भरी शक्ति आत्मविश्वास में ही है। आत्मविश्वासी व्यक्ति आशावादी होता है, क्योंकि वह कठिनाइयों में भी कोई-न-कोई रास्ता ढूँढ़ लेता है। संसार में सब लोग अत्यंत व्यस्त हैं। उन्हें इतनी फुरसत नहीं कि आपकी योग्यता की परीक्षा करें, आपके गुणों की परख करें। यह आपका काम है कि आप अपनी योग्यता तथा गुणों से उन्हें प्रभावित करें। कर्ता तथा कर्म को एकसूत्र में बाँधने वाली सबसे बड़ी शक्ति आत्मविश्वास ही है। कर्म-प्रेरणा के लिए आत्मविश्वास अनिवार्य है।

कई लोगों में आत्मसम्मान की कमी नकारात्मक माहौल की वजह से हो जाती है, जिन बच्चों से कहा जाता है—''क्या तुम अच्छे नंबर नहीं ला सकते? और तुम जिस तरह से व्यवहार करते हों, उस पर मुझे शर्म आती हैं।'' निश्चित रूप से उनका आत्मसम्मान खत्म हो जाता है और वे व्यवहार के ऐसे तरीकों के शिकार हो जाते हैं, जिनकी वजह से वे मुश्किल में पड़ जाते हैं। जिंदगी में कोई भी बात इतनी पक्की नहीं होती। अगर वह सफल होता है तो अच्छी बात है, परंतु अगर वह सफल नहीं होता है, तो चिंता की क्या बात है, कल और मौके भी तो आएँगे। स्पष्ट रूप से आत्मविश्वास की कमी आज इनसान की

सबसे बड़ी समस्याओं में से एक है।

मन में सर्वश्रेष्ठ होने का दावा कीजिए, तो आप सबके सरताज बन जाएँगे। प्रभावशाली व्यक्ति वही है, जो अपने सद्‌गुणों को, कार्य योग्यताओं को, सामर्थ्य को प्रतिबिंबित करे। जब भी मनुष्य संदेह और पाप के विचारों से अंधा हो जाता है, तब आत्मविश्वास ही उसका उद्धार करता है। यदि हम महान् सफलताओं तथा उन्हें प्राप्त करने वाले महान् कार्यकर्ताओं का विश्लेषण करें तो उनमें सबसे श्रेष्ठ योग्यता 'आत्मविश्वास' ही दिखाई देगी।

अगर हम अपनी जिंदगी में कुछ करना चाहें और वह न कर पाएँ, यह कैसे संभव हो सकता है? अगर सफल न हुए तो उसके जवाबदेह स्वयं हम हैं। कोई अगर सफल हुआ तो उसका जवाबदेह भी वह स्वयं है। बस जरूरत है केवल उस समझ और धैर्य की, जो आपकी क्षमता की पहचान करवाए। हमारा आत्मविश्वास हमें हमारे निर्णय करने की क्षमता प्रदान करता है। अपने जीवन में तत्काल निर्णय करने की क्षमता केवल उन्हीं लोगों में हुआ करती है, जिनका अपनी सोच, दिमाग और अपनी क्षमता पर विश्वास होता है। बस चाहिए निरंतर अभ्यास, प्रयत्न और पुरुषार्थ।

सच्चे सफल लोग वे होते हैं, जो हर नए दिन का स्वागत उत्साह, आत्मविश्वास और आशा के साथ करते हैं। उन्हें खुद पर भरोसा होता है और वे जानते हैं कि जीवन में सबकुछ पाने के लिए उन्हें अपना सबकुछ देना पड़ेगा। संसार विजयी व्यक्ति पर विश्वास करता है। आत्मविश्वासी अपने प्रति ईमानदार होता है, और लोग भी उसके प्रति ईमानदार होते हैं। आप अपने ऊपर विश्वास कीजिए कि आप हाथ में लिये कार्य को भली-भाँति संपूर्ण कर सकते हैं। याद रखें, मुश्किल सिर्फ मानसिक होती है। हर एक के जीवन में बाधाएँ आती हैं। दरअसल वे उतनी कठिन भी नहीं हैं, जितनी वे दिखती हैं।

आपको चिंता का शिकार होने की जरूरत नहीं है। जरा सोचें तो सही, चिंता दरअसल है क्या? हताश न हों, क्योंकि आप अपनी चिंताओं को जीत सकते हैं। आपको विश्वास करना होगा कि आप ऐसा कर सकते हैं। सफल लोग अकसर बताते है, ''मैंने अपना मन बना लिया कि मैं हार या न सुनकर कभी कोई कोशिश करना नहीं छोड़ूँगा'' और ''एक बार जब मैंने संकल्प कर

लिया, तो मेरे भीतर की शक्ति ने मुझे टूटने नहीं दिया।'' वे भीड़ से आगे निकल जाते हैं और एक छोटा परंतु महत्त्वपूर्ण काम करते हैं—वे जीवन को उस तरह नहीं देखते, जैसा वह है, बल्कि उस तरह देखते हैं, जैसा वह हो सकता है।

जब आप जानते हैं कि आपकी छवि आत्मविश्वास से पूर्ण है, तो आपका आत्मविश्वास बढ़ जाता है और आपके व्यवहार में भी आत्मविश्वास आ जाता हैं। दूसरे लोगों को तत्काल इस बात का एहसास हो जाएगा और वे आपके प्रति अधिक सम्मान दिखाएँगे। आत्मविश्वास संजीवनी बूटी है, जो मान में प्राण का संचार करती है। वह पतवार है, जो तूफानी सागर में जीवन-नौका को पार पहुँचा देती है। वह सुदृढ हथियार है, जिससे बड़े-से-बड़े आफत के पहाड़ को तोड़ा जा सकता है। इसके द्वारा इच्छित मंजिल को प्राप्त किया जा सकता है, हर कठिनाई को पार किया जा सकता है। महापुरुष किसी का सहारा नहीं लेते, अपने आत्म-विश्वास के सहारे ही मंजिल तक पहुँचते हैं।

आत्मविश्वास की कुंजी

आत्मविश्वास वह हथियार है जिसके द्वारा हम बड़े से बड़ा कार्य आसानी से कर सकते हैं अर्थात् बड़ी-से-बड़ी सफलता प्राप्त कर सकते हैं। जिसमें आत्मविश्वास की कमी नहीं है, वह जीवन में सफलताएँ अर्जित करता चला जाता है। आत्मविश्वास वह फौलादी किला है जिसके समक्ष हथियारबंद भी निःसहाय हो जाते हैं। जब हम अपने आत्मविश्वास के साथ किसी कार्य में सफलता प्राप्त करते हैं तो आगे भी वही आत्मविश्वास सफलता के लिए कार्य करता है। इस तरह हमारा आत्मविश्वास बढ़ता जाता है और वह हमारे लिए स्वाभाविक हो जाता है अर्थात् हमारा स्वभाव वैसा ही हो जाता है और आत्मविश्वास आता है टाइम मैनेजमेंट से।

आत्मविश्वास की कुंजी है आशावादी होना, निराशावादी नहीं। क्योंकि जहाँ सफलता प्राप्त करने की आशा होती है, वहीं उस कार्य को करने का आत्मविश्वास होता है। आशावादी होने पर मनुष्य में उत्साह, कार्यकुशलता, साहस आदि जैसे गुण स्वाभाविक रूप से आ जाते हैं। क्योंकि यही गुण मनुष्य में आत्मविश्वास को बढ़ाते हैं। इसके विपरीत निराशा अनेक दुर्गुणों को जन्म

देती है। निराशावादी होने पर मनुष्य के मन में प्राय: किसी भी कार्य के करने के प्रति शंका बनी रहती है कि 'मैं यह कार्य कर पाऊँगा अथवा नहीं। इस कार्य को करने में न जाने कैसी-कैसी परेशानियाँ आएँगी।'' आदि; इस प्रकार की अनेक शंकाएँ परेशान करती हैं। इन शंकाओं को गढ़ते-गढ़ते वह आसान कार्य भी नहीं कर पाता और छोटे-छोटे कार्यों से भी घबराने लगता है। यह उस मनुष्य के आत्मविश्वास की कमी को इंगित करते हैं और वह असफल होता है। उसके कदम लड़खड़ाते रहते हैं और वह गर्त की ओर जा पहुँचता है। अर्थात् वह भूल-भुलैया में ही भटकता रहता है और जहाँ से प्रारंभ करता है, घूम-फिरकर फिर वहीं पहुँच जाता है। इसके विपरीत जब व्यक्ति टाइम मैनेजमेंट के साथ सारे काम करता है तो उसका आत्मविश्वास हरगिज नहीं डगमगाता।

विश्व-विजेता सिकंदर

विश्व-विजेता सिकंदर को भी हार का सामना करना पड़ा था। दुश्मन से बुरी तरह हारकर वह एक गुफा में छिपा बैठा था। मायूसी में वह कुछ समझ नहीं पा रहा था। तभी उसकी नजर एक गुफा की दीवार पर चढ़ने की कोशिश करती एक चींटी पर पड़ी, जो बार-बार गिरती रहने के बावजूद दीवार पर चढ़ने की कोशिश में लगी थी। सिकंदर मायूस होकर सबकुछ देख रहा था। काफी देर तक लगातार गिरने-चढ़ने के बाद वह चींटी अंतत: दीवार पर चढ़ने में सफल हो गई। सिकंदर ने सोचा, जब एक छोटी सी चींटी में इतनी मजबूत इच्छाशक्ति और आत्मविश्वास मौजूद है तो मैं तो इनसान हूँ। वह एकदम गुफा में से निकला और अपनी सेना फिर से संगठित करके दोगुने आत्मविश्वास के साथ युद्ध में पहुँच गया। अंतत: उसकी जीत हुई; वह विश्व-विजेता बन गया।

इसके लिए आपको अपने भीतर छिपी प्रतिभा तथा संभाव्यता का पता लगाकर अधिकतम उपयोग करना होगा।

सुझाव विशेषज्ञों से

ठीक ढंग से परीक्षा की तैयारी, अपना आत्मविश्वास, शांत चित्त एवं एकाग्र मन— इन तीन बातों पर अमल करके परीक्षा को तनावमुक्त

बनाया जा सकता है। साथ में अभिभावक को अपने बच्चों पर अधिक दबाव बनाने से बचना चाहिए। केवल परीक्षा में कम नंबर आने पर जीवन निर्भर नहीं होता है। बहुत से महान् लोग हुए हैं, जिन्होंने परीक्षा में कम नंबर लाने या फेल होने के बावजूद ऊँचे मुकाम और आदर्शों को स्थापित करके दुनिया को दिखा दिया।

समाधान योग से

पूर्वोत्तानासन : पूर्व दिशा की ओर खिंचाव वाली मुद्रा

जब किसी में आत्मविश्वास होता है, तो यह उसके हाव-भाव से अपने आप झलकने लगता है। वह पूरी तरह चुस्त और स्वस्थ दिखता है। उसके अस्त-व्यस्त बाल भी बेहतरीन लगते हैं और उसका तनाव से भरा दिन भी शांतिपूर्ण नजर आता है। आत्मविश्वास बढ़ाने के लिए पूर्वोत्तानासन का इस्तेमाल करें। यह माथे से लेकर पैर की अंगुलियों तक पूरे शरीर को आगे की ओर तानता है। कंधे के जोड़ की गति को बढ़ाने और साहस में वृद्धि करने के लिए कंधों को खींचें। जो भी इस मुद्रा का नियमित अभ्यास करता है, उसकी कलाइयाँ और टखने मजबूत हो जाते हैं। आत्मविश्वास के साथ इस मुद्रा का अभ्यास करें और लोगों में बढ़ती लोकप्रियता का आनंद लें।

- बैठकर पैर सामने फैला लें।
- हथेलियों को कूल्हों के पास रख लें, जबकि अंगुलियाँ आगे की ओर संकेत करती रहें।
- कलाइयों को कंधों की सीध में रखें।
- हथेलियों पर दबाव डालते हुए सीने को ऊपर उठाएँ और पैर की अंगुलियों को फर्श से टिकी रहने दें।

□

4

समय प्रबंधन

आलस्य या टाल-मटोल की प्रवृत्ति से बचिए। यह एक ऐसी समस्या है, जिसका सामना हम में से हर किसी को कभी-न-कभी करना पड़ता है। परंतु कुछ लोगों के लिए यह एक गंभीर समस्या बन जाती है और वे अकसर ऐसे किसी बहाने की तलाश में रहते हैं, जिससे वे काम को टाल सकें। यही टाल-मटोल की प्रवृत्ति जब बढ़ जाती है तो यह हमारे लिए घातक समस्या बन जाती है, जिससे हमारे कार्यों पर बुरा प्रभाव पड़ता है। इससे अंततः समय का नुकसान होता है और सफलता की संभावनाएँ प्रभावित होती हैं, क्योंकि हम समय पर काम करने से चूक जाते हैं। अति आत्मविश्वास भी अच्छा नहीं होता। कभी-कभी अति आत्मविश्वास ही टाल-मटोल की प्रवृत्ति का कारण बन जाता है।

- इस टाल-मटोल की प्रवृत्ति का एक कारण काम में रुचि की कमी हो सकती है, जैसे—यदि गणित में आपकी कम रुचि है तो उसके सवाल हल करने या गृहकार्य करने में आप टाल-मटोल कर सकते हैं। इसलिए काम में रुचि जगाने की कोशिश कीजिए।
- कभी-कभी पिछली असफलताओं के कारण या आत्मविश्वास की कमी के कारण भी टालने की प्रवृत्ति उत्पन्न हो जाती है; इसलिए असफलताओं के कारण अपने आत्मविश्वास में कमी न आने दीजिए।

इस प्रवृत्ति से कैसे बचें?

जितना प्रयास हमें अपनी किसी आदत को बनाए रखने के लिए करना पड़ता है, उससे कहीं बहुत ज्यादा प्रयास उसे बदलने के लिए करना पड़ता है। सबसे पहले तो मन से स्वीकार करना होगा कि वास्तव में यह एक समस्या है, एक गंभीर समस्या है। उसके बाद एक-एक करके व्यवहार में बदलाव लाना होगा। व्यवहार में स्थायी बदलाव लाने के लिए अपनी सोच में बदलाव लाना जरूरी है। कोई काम समय पर न शुरू करने के लिए आप कितने तरह के बहाने प्रयोग में लाते हैं? उन सभी बहानों को एक-एक करके लिखिए और फिर उनके सामने ही यह लिखिए कि अमुख बहाना कितना सही है और उससे आपको क्या नुकसान हो सकता है; इस प्रकार एक-एक करके उन सभी बहानों को काटने की कोशिश कीजिए।

सफलता और असफलता पूरी तरह से इस बात पर निर्भर करती है कि आप अपने साधनों—जिसमें समय सबसे महत्त्वपूर्ण साधन है—का इस्तेमाल कितना और किस तरह करते हैं। एक ही समयावधि में दो व्यक्ति सफल हो सकते हैं, लेकिन दोनों में से कोई एक, जो समय का अधिक सावधानी और बुद्धिमानी से प्रयोग करता है, ज्यादा सफल हो सकता है। महत्त्व इस बात का है कि आप अपने दिन के 24 घंटों का प्रयोग किस तरह करते हैं। सप्ताह के सात दिनों का प्रयोग किस तरह करते हैं। एक विद्यार्थी अगर किसी दूसरे विद्यार्थी की अपेक्षा रोज 3 घंटे ज्यादा पढ़ता है तो वह महीने भर में दूसरे विद्यार्थी से तीन दिन आगे हो सकता है; यानि वह दूसरे विद्यार्थी की अपेक्षा ज्यादा सफल हो सकता है।

समय अमूल्य है। जिंदगी में एक वर्ष का क्या महत्त्व है? यह इसी वर्ष फेल हुए विद्यार्थी से पूछिए। एक माह का महत्त्व जानना है तो उस माँ से मिलिए, जिसने आठ-मासिया बच्चे को जन्म दिया है। सात दिन का महत्त्व जानना है तो किसी साप्ताहिक-पत्र के संपादक से मिलिए। एक दिन का महत्त्व वह दैनिक मजदूर ही बता सकता है, जिसे आज मजदूरी नहीं मिली है। एक घंटे का महत्त्व जानना है तो सिकंदर से पूछिए, जिसने आधा राज्य देकर एक घंटे मौत को टालने का आग्रह किया था। एक मिनट का महत्त्व उस भाग्यशाली से

पूछिए, जो वर्ल्ड ट्रेट सेंटर की इमारत गिरने से ठीक एक मिनट पहले ही बाहर सुरक्षित निकला है। अब बचा एक सेकेंड का महत्त्व उस धावक से पूछिए, जो इसी एक सेकेंड की वजह से स्वर्ण पदक पाते-पाते रजत पदक पर रह गया।

एक महान् मिनट से एक महान् घंटा बनता है और एक महान् घंटे से एक महान् दिन बनता है, और एक महान् दिन से एक महान् सप्ताह बनता है, फिर एक महान् महीना, फिर एक महान् वर्ष और इस तरह से आप एक महान् जीवन के वास्तुविद् बन सकते हैं तथा यह सब सिर्फ एक मिनट से शुरू होता है, इसलिए हमें हर मिनट को सहेजना चाहिए।

अपने समय का समझदारी से प्रयोग करना, क्योंकि समय आपको क्षमा नहीं करता। यह इस बात की परवाह नहीं करता कि आप कौन हैं या आपका पद क्या हैं। हर व्यक्ति को जीने के लिए सीमित समय मिला है। साथ ही, हममें से हर एक को हर दिन के लिए सीमित समय मिला है, हर दिन में सीमित घंटे मिलते हैं, जो सबके लिए पूरी तरह समान है। समय किसी का इंतजार नहीं करता। समय लगातार आगे बढ़ता रहता है। आपको समय का सम्मान करना होगा और समझदारी से इसका प्रयोग करना होगा।

आपकी सफलता और असफलता इस बात पर निर्भर करती है कि आप अपने समय का उपयोग किस तरह करते हैं? समय आगे बढ़ रहा हैं··· क्या आप बढ़ रहे हैं? एक बार बीतने के बाद यह खत्म हो जाता है और चला जाता हैं।

माना यदि मनुष्य की औसत आयु 80 वर्ष है, आगर आप अभी 20 साल के हैं, तो वर्तमान आँकडों के अनुसार आपके पास जीवन में बस लगभग 700 महीने से थोड़ा अधिक समय ही बचा है। अगर आप 30 वर्ष के हैं, तो आपके पास लगभग 600 महीने शेष हैं। अगर आप 40 वर्ष के हैं, तो लगभग 480 महीने शेष हैं, अगर आप 50 साल के हैं, तो आपके 320 महीने से कुछ अधिक समय है, अगर आप 60 के हैं, तो 240 महीने; अगर 70 के हैं तो लगभग 120 महीने और अगर आपकी उम्र 80 या उससे अधिक है तो आप बस खुशकिस्मत हैं, समय कीमती है और आपके पास गँवाने के लिए सचमुच समय नहीं है, अपने जीवन को पूरे जोश के साथ जिएँ।

प्राथमिकता के आधार पर कार्यों को सूचीबद्ध कीजिए

कार्य के महत्त्व और उसकी तात्कालिक जरूरत को आधार बनाकर अपने प्रतिदिन के कार्यों की सूची बनाइए और फिर उसे समय पर निपटाने की कोशिश कीजिए। मान लीजिए, आज की सूची में शामिल कोई कार्य आज पूरा नहीं हो सका तो उसे कल की सूची में सबसे ऊपर रखिए।

कार्य के प्रति पूरी निष्ठा दिखाएँ

जो कार्य आपको करने हैं, उन्हें पूरा करने का समय निश्चित करते हुए स्वयं के साथ एक लिखित करार कीजिए। बेहतर होगा, उसके बारे में अपने माता-पिता या किसी दोस्त को बताइए और काम को दी हुई समय-सीमा के भीतर निपटाकर उसके बारे में भी उन्हें बताइए। समय-सीमा में काम पूरा होने पर भले वह बहुत छोटा ही काम न हो—अपनी उपलब्धि के लिए खुशी मनाइए। इसी तरह एक-एक करके सभी कार्य समय-सीमा के भीतर निपटाने की कोशिश कीजिए।

मैं नहीं समझता कि कोई ऐसा व्यक्ति भी होगा, जिसमें कोई संभावना न हो। कोई भी व्यक्ति कितना भी नाकामयाब क्यों न हो, अगर ईमानदारी से काम करते हुए आगे बढ़े तो वह अपनी नाकामयाबी को कामयाबी में बदल सकता है, अपनी हार को जीत में बदल सकता है। यह शक्ति उसके अपने भीतर ही होती है। जरूरत होती है, उसे प्रयोग में लाने की। सफलता और असफलता के बीच की लाइन इतनी पतली होती है कि हम समझ भी नहीं पाते कि हमने कब उसे पार कर लिया। कई बार तो हम इस पतली रेखा के पास ही होते हैं, लेकिन समझ नहीं पाते। जीवन अनुशासन पर आधारित है। सूर्य ने जब स्वयं अपने पर नियंत्रण कर लिया, तभी प्रकाशमान हो पाया। अपने जीवन में अपनी इच्छा के अनरूप अपने जीवन का निर्माण करने का पूरा प्रयत्न करते। मैं समय और भाग्य के विरुद्ध कोई शिकायत नहीं करता, जो कुछ आप चाहते हैं, वह अपने आप मिलता है। यदि आप परिश्रम करेंगे, यदि निरंतर प्रयत्न करेंगे।

आपको सपने देखने चाहिए। भले ही लोग कह रहे हों कि आपके सपने

साकार होना असंभव हैं, परंतु आपमें यह विश्वास होना चाहिए कि यह संभव है। हमें उन चीजों में विश्वास रखना चाहिए, जिन्हें हम देख नहीं पाते। क्या सूर्य जब चमक नहीं रहा होता है, उस समय उसका अस्तित्व ही नहीं होता? उस समय भी हमें उसके अस्तित्व को स्वीकार करना चाहिए। सूर्य तो कभी अस्त होता ही नहीं है, बस पृथ्वी की गति के साथ-साथ वह एक टाइम जोन से दूसरे टाइम जोन में चला जाता है, विश्वास है, ईश्वर हमें दिखाई नहीं देता, वह बिल्कुल खामोश रहता है, फिर भी हम ईश्वर में विश्वास करते हैं। हमारा विश्वास एक राडार की तरह है, जो धुंध और कुहरे के बीच भी वस्तुओं को देखता है। महत्त्वाकांक्षा के बिना कुछ शुरू नहीं हो पाता हैं और कड़ी मेहनत के बिना कुछ पूरा नहीं हो पाता है। दृढ मानसिकता से ज्यादा शक्तिशाली और कुछ नहीं है, इसलिए अपने मस्तिष्क को दृढ बनाएँ। अच्छे-से-अच्छे की आशा करें, बुरे-से-बुरे के लिए तैयार रहें।

समय हर चीज को बदल देता है, इसलिए जो पहले था, वह आज नहीं है, और जो आज है, वह जल्दी ही नहीं रहेगा। सतत परिवर्तन ही एकमात्र वास्तविकता है। आपको समय का उपयोग अपने भविष्य को नष्ट करने में नहीं, बल्कि उससे बनाने में करना चाहिए। हममें से कोई भी अपने अतीत को नहीं बदल सकता, परंतु हम सभी अपने भविष्य को बदल सकते हैं। अब से 20 साल बाद ऐसी स्थिति आ सकती है, जब आप अपने न किए गए कार्यों की अपेक्षा उन कार्यों से अधिक निराशा महसूस करने लगेंगे, जिन्हें आप कर चुके हैं। हमारी सोच हमारे कार्यों को निर्धारित करती है और कार्य हमारे परिणामों को।

आप जिस स्वर्ण अवसर की प्रतीक्षा में हैं, वह आपके अपने पास है। इसे न भाग्य कहते हैं, न अवसर—इसे कहते है कर्मठता। आत्मनिर्भरता ही कर्मठता की जननी है। अपने ऊपर भरोसा करके और निरंतर कार्यरत रहकर ही आप सफलता का द्वार खोल सकते हैं। एक बार आगे बढ़ना शुरू तो करें।

समय के प्रति लापरवाही महँगा सौदा

यह कमी उन लोगों में पाई जाती है जो समय के प्रति लापरवाह होते हैं; जो लोग न तो सफलता पाना चाहते हैं, न उसे पाने का मार्ग ही जानते हैं। वे

लोग असफलता के मारे होते हैं साथ ही अपने वातावरण को भी दुष्प्रभावित कर सकते हैं। ये केवल लेते-ही-लेते हैं, किसी को कुछ देते नहीं हैं। देने का तात्पर्य वह ऐसा कार्य नहीं कर पाते, जो दूसरों के लिए प्रेरणा का कार्य करे। लेने का अर्थ है, वे केवल दुर्गुणों को ही लेते हैं, दूसरों की सफलता से भी वे कुछ नहीं सीख पाते। धीरे-धीरे वे नष्ट होते जाते हैं और इस संसार में उनका नाम तक लेने वाला नहीं बचता। लेकिन इसके दूसरे पहलू को देखा जाए तो आत्मविश्वासी लोग स्वयं तो सफल होते ही हैं साथ ही इस दुनिया में दूसरों के लिए अपने कार्यों के रूप में प्रेरणा छोड़ जाते हैं और उन प्रेरणाओं को केवल वे ही ग्रहण करते हैं जिनमें सफलता प्राप्त करने की ललक होती है।

बहुत सी बार आपने देखा होगा कि मेलों में लोग मौत के कुएँ में मोटर साइकिल चलाते हैं। कैसे?आत्मविश्वास के कारण। कई लोग मौत के कुएँ में स्वयं को आग की भेंट चढ़ाकर छलाँग लगाते हैं। कैसे? क्योंकि उनमें पूर्ण आत्मविश्वास होता है कि वे यह कार्य अवश्य कर लेंगे उन्होंने टाइम को मैनेज कर लिया है। उन्हें मालूम है कि एक पल की भी चूक उनकी मौत का कारण बन सकती है।

कई बार आपने देखा होगा, सर्कस में एक व्यक्ति शेर के पिंजरे में खड़ा केवल एक हंटर हाथ में लिए खतरनाक शेरों से करतब कराता है; टाइम मैनेजमेंट और आत्मविश्वास के कारण। इसी टाइम मैनेजमेंट और आत्मविश्वास के

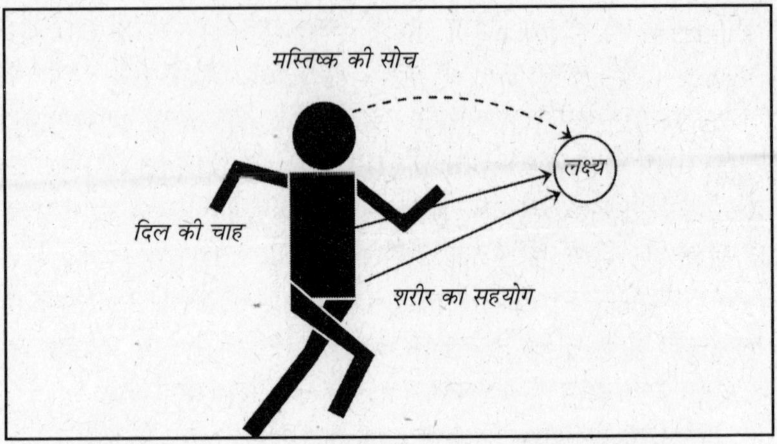

लक्ष्य-प्राप्ति के लिए दिल, दिमाग और शरीर का व्यावहारिक संतुलन जरूरी है।

कारण उन लोगों में साहस का संचार होता है और वे ऐसे रोमांचक कारनामे करते हैं जिन्हें देखकर वे लोग आश्चर्य से भर जाते हैं जिनमें आत्मविश्वास और टाइम मैनेजमेंट की कमी होती है। परंतु सच यह है कि हम, आप भी यह कार्य कर सकते हैं क्योंकि वे भी हम, आप ही की भाँति आम इनसान हैं। हम अपने अंदर आत्मविश्वास का संचार और टाइम मैनेजमेंट करके यह सब कर सकते हैं।

कभी-कभी रोमांचक कारनामे करने वाले ये लोग भी मात खा जाते हैं; लेकिन जब उनका आत्मविश्वास डगमगा जाता है और वे टाइम मैनेजमेंट में चूक जाते हैं तभी उनके साथ कोई दुर्घटना होती है। अतः आवश्यकता इस बात की है कि हम अपने आत्मविश्वास को हमेशा बनाए रखें और टाइम मैनेजमेंट को जीवन की धुरी बना लें।

हम किसी भी सफल व्यक्ति के जीवन पर दृष्टि डालें तो पाएँगे कि उसकी सफलता के पीछे उसका टाइम मैनेजमेंट और आत्मविश्वास कार्य करता है। वह किसी भी कार्य को करने पर अपने मन में शंका उत्पन्न नहीं होने देता, केवल मन में यह दृढ विश्वास होता है कि उसे इस कार्य में सफलता प्राप्त करनी है।

जो टाइम मैनेजमेंट की अपनी छिपी हुई शक्ति को जाग्रत कर लेता है वह

यह जानता है कि अब वह जो भी कार्य करेगा उसमें अवश्य सफल होगा। वह इस बात की कभी चिंता नहीं करता कि इस कार्य को करने पर क्या-क्या परेशानियाँ उत्पन्न होंगी? लोग क्या कहेंगे? उसे बस एक ही धुन सवार होती है कि उसे सफल होना है। उसके इस अडिग आत्मविश्वास के समक्ष उसके साथी, उसके आलोचक, उसके दुश्मन भी झुक जाते हैं अथवा उसके साथी बन जाते हैं।

एक बार की बात है; स्ट्रीवन, जोकि एक न्यायप्रिय, नीतिनिपुण व्यक्ति था, के पास एक व्यक्ति ने आकर पूछा, "यदि कोई आप पर आक्रमण करे तो आप क्या करेंगे?"

स्ट्रीवन ने प्रत्युत्तर दिया, मैं कुछ नहीं करूँगा।

यह सुनकर उस व्यक्ति को बड़ा आश्चर्य हुआ। वह बोला, "ऐसा क्यों कि आप कुछ नहीं करेंगे?" स्ट्रीवन ने कहा, "मेरा किला बहुत सुरक्षित है। वह फौलादी दीवारों का बना है। उसे कोई भी भेद नहीं सकता। इसलिए मैं कुछ नहीं करूँगा।"

वह व्यक्ति पुनः विस्मित होकर बोला, "आपका किला! आपने कब किला बनवाया? कहाँ है आपका किला?"

स्ट्रीवन ने कहा, "अरे भाई मेरा आत्मविश्वास मेरा किला है जो बहुत कम लोगों के पास होता है और जिसके आत्मविश्वास रूपी किला होता है, वह कभी भी स्वयं को असुरक्षित अनुभव नहीं करता। वह सर्वदा सुरक्षित रहता है। अतः कोई भी मुझ पर आक्रमण नहीं कर सकता।"

जब उस व्यक्ति ने स्ट्रीवन के आत्मविश्वास को देखा तो वह उसके समक्ष नतमस्तक हो गया। वास्तव में वह व्यक्ति विपक्षी सेना का सरदार था और स्ट्रीवन पर आक्रमण करने के लिए वहाँ आया था, परंतु स्ट्रीवन के आत्मविश्वास को देख वह बिना आक्रमण किए वहाँ से चुपचाप लौट गया।

अर्थात् आत्मविश्वास वह कार्य सहज कर देता जिसकी हमें आशा भी नहीं होती। मनुष्य का हवाई जहाज उड़ाना; रॉकेट उड़ाना; चंद्रमा पर पहुँचना आदि सभी कुछ आत्मविश्वास के परिणाम हैं।

आत्मविश्वास से भरे मनुष्य के चेहरे पर सफलता की कहानी स्पष्ट पढ़ी

जा सकती है। उसका चेहरा खिला-खिला अलग ही दिखाई देगा। इसके विपरीत वह मनुष्य जिसमें टाइम मैनेजमेंट की कमी होगी, वह शंका और निराशाओं में घिरा हुआ दिखाई देगा। उसके चेहरे पर कभी भी सफलता की मुसकान नहीं होगी।

आत्मविश्वास से सब काम करने वाले व्यक्ति की कद्र समाज में बढ़ जाती है। वे अन्य लोगों के लिए प्रेरणा बन जाते हैं। लोग उन्हें नायक के रूप में देखने लगते हैं। उनकी सफलता की कहानी किसी से छिपी नहीं रहती। अर्थात् वे लोगों के आदर्श बन जाते हैं लेकिन किन लोगों के लिए? केवल उन लोगों के लिए जो स्वयं भी कुछ करना चाहते हैं, जीवन में सफलता प्राप्त करना चाहते हैं।

टाइम मैनेजर अपनी ओजस्वी वाणी के प्रभाव से लोगों को प्रभावित करते हैं। उनकी वाणी में वह उत्साह होता है जिससे वे दूसरों के मन में भी वही उमंग और जोश भरकर उन्हें अपना प्रिय बना लेते हैं। ऐसे व्यक्तियों के विषय में असफल लोग कहते हैं कि 'भाई, वही एक व्यक्ति है जो सभी कुछ कर सकता है। उसमें तो भाई गजब का आत्मविश्वास है।''

अनुत्तीर्ण

गोपाल और मोहन दो भाई थे। दोनों एक ही कक्षा में पढ़ते थे। दोनों पढ़ने में अच्छे थे। परीक्षा के लिए दोनों ने टाइम मैनेजमेंट के साथ बहुत तैयारी की और दोनों को पूर्ण विश्वास था कि दोनों ही प्रथम आएँगे। परीक्षा के दिन समीप आए। अचानक किसी शंका को लेकर मोहन का टाइम मैनेजमेंट डगमगा गया। वह गोपाल से बोला, ''लगता है मैं परीक्षा में उत्तीर्ण नहीं हो पाऊँगा।''

गोपाल ने कहा, ''तुम्हें ऐसा क्यों लगता है?'' मोहन ने कहा, ''मुझे ऐसा लग रहा है बस।''

परीक्षोपरांत परिणाम आया। गोपाल तो प्रथम आया जबकि मोहन उत्तीर्ण तक नहीं हो सका। क्यों? क्योंकि उसने टाइम मैनेजमेंट पर ध्यान नहीं दिया। यह जानते हुए भी कि हम उस कार्य को भली-भाँति करना जानते हैं, टाइम मैनेजमेंट के बिना हम उस कार्य में सफल नहीं हो सकते।

वे व्यक्ति जो टाइम मैनेजमेंट से नही चलते, उन्हें अपनी योग्यता पर विश्वास नहीं होता, वे स्वयं तो दिग्भ्रमित होते ही हैं, दूसरों को भी प्रेरणा देने के विपरीत हतोत्साहित करते हैं कि 'मैं इस कार्य को नहीं कर पाया। इसमें तो अनेक कठिनाइयाँ हैं।'' यह सुनकर दूसरे लोग भी हतोत्साहित हो जाते हैं। उनके आत्मविश्वास में कमी आ जाती है। ऐसे लोग स्वयं के लिए तो घातक होते ही हैं, समाज के लिए भी।

किसी भी कार्य में विशेषज्ञता प्राप्त करने के लिए उस कार्य का विशेषज्ञ बनना आवश्यक है, तभी हम भीड़ में अलग पहचान बना सकते हैं। अपनी योग्यता को पहचान कर उसका सदुपयोग करना चाहिए जिससे कि आत्मविश्वास के साथ कार्य किया जा सके और सफलता हासिल की जा सके। केवल इधर-उधर ध्यान भटकाने, ठीक ढंग से कार्य न करने से असफलता ही मिलती है।

टाइम मैनेजमेंट एक सदगुण के समान है जो एक व्यक्ति को स्वयं में पैदा करना पड़ता है। टाइम मैनेजमेंट प्राप्त करने के लिए बाजार में किसी भी प्रकार की टेबलेट या केप्सूल नहीं मिलता कि बाजार गए, खरीदा, उसे खा लिया और टाइम मैनेजमेंट मिल गया। नहीं। टाइम मैनेजमेंट प्राप्त करने की कुंजी है दृढ निश्चय। जब हम दृढ निश्चय से सोच लेते हैं कि हाँ, हम यह कर सकते हैं; तब अवश्य ही आप उसे कर सकते हैं क्योंकि वह वाक्य आप नहीं आपका आत्मविश्वास बोलता है।

जितनी भी बाधाएँ सामने आएँ, आने देना चाहिए। मन में थोड़ा भी भय उत्पन्न नहीं होने देना चाहिए। बस टाइम मैनेजमेंट के साथ बाधाओं से भिड़ जाएँ। फिर स्वयं अनुभव होगा कि 'वह कार्य तो बड़ा आसान था मैं तो उसे वैसे ही कठिन समझ रहा था।''

जीवन दस गीयर की साइकिल के समान है। हम लोगों में बहुत से लोगों के पास इस प्रकार के गीयर हैं जिन्हें हम प्रयोग नहीं करते।

इस प्रकार, टाइम मैनेजमेंट सफलता के इच्छुक लोगों के लिए ब्रह्मास्त्र के समान है। इस ब्रह्मास्त्र द्वारा मनुष्य बड़ी-से-बड़ी बाधाओं को सरलतापूर्वक दूर कर सकता है, लेकिन इस ब्रह्मास्त्र का प्रयोग वही कर सकता है जो जीवन में सफल होना चाहता है।

टाइम मैनेजमेंट और दृढ निश्चय

जिस प्रकार एक चट्टान दृढता से खड़ी रहती है, अपने स्थान से टस से मस नहीं होती; उसी प्रकार सफलता प्राप्त करने के लिए मनुष्य के मन में चट्टानी दृढ निश्चय के साथ टाइम मैनेजमेंट होना चाहिए।

आप कहीं घूमने जाना चाहते हैं, जिससे हवा-पानी बदला जा सके। जाने की तीव्र इच्छा है लेकिन मन में अनेक विचार आ रहे हैं कि बहुत गरमी है, धूप में कहाँ तक घूमेंगे; सामान भी उठाकर ले जाना है; सफर में भीड़-भाड़ होगी आदि आदि। इन विचारों के चलते आप कहीं नहीं जा सकेंगे बल्कि अपना समय वहीं व्यतीत कर देंगे। इसके विपरीत यदि आपका निश्चय दृढ होगा तो आप तुरंत अपना सामान बाँधेंगे और निकल पड़ेंगे घूमने, यह सोचते हुए कि 'बाधाएँ तो आती रहती हैं। उनसे निबटना मुझे आता है।'' यहाँ भी आपका टाइम मैनेजमेंट काम करता है।

किसी भी वस्तु या पद को पाने में टाइम मैनेजमेंट का बड़ा हाथ होता है। यही बात सफलता के लिए लागू होती है। जब तक सफलता प्राप्त करने के लिए मन में टाइम मैनेजमेंट के प्रति दृढ निश्चित नहीं होंगे, तब तक आप हाथ पर हाथ रखे बैठे रहेंगे और असफलता की ओर बढ़ते जाएँगे, लेकिन दृढ निश्चय करते ही आप सफलता की सीढ़ियाँ चढ़ते चले जाएँगे। टाइम मैनेजमेंट के प्रति दृढ निश्चय द्वारा ही आपमें वे शक्तियाँ स्वतः उत्पन्न होती हैं जो आपको सफलता दिलाती हैं।

जो मनुष्य यह सोचता है कि 'क्या मैं जीवन में सफल हो पाऊँगा? कुछ कर पाऊँगा?'' तो वह मनुष्य वास्तव में कुछ नहीं कर पाता और जीवन भर दुविधाओं से घिरा रहता है। ऐसे अनेक व्यक्ति आसपास देखे जा सकते हैं जो दुविधा में ही पड़े रहते हैं कि क्या करें, क्या न करें? बहुत कम लोग ऐसे दिखाई देंगे जिनके सामने बड़ी-से-बड़ी परेशानियाँ आने पर भी वे उन्हें मुसकराते हुए, यह कहते हुए पारकर लेते हैं कि जीवन एक संघर्ष है। कैसे? केवल परेशानियों का सामना करने की दृढ इच्छा शक्ति और टाइम मैनेजमेंट के कारण।

निरंतर प्रयास

टाइम मैनेजमेंट के साथ निरंतर प्रयास ही सफलता की निशानी है। अनेक

बार, अनेक जगहों पर ऐसा देखा गया है कि पढ़े-लिखे लोग भी अपनी असफलता की कहानी सुनाते हैं। अपने भाग्य को कोसते हैं कि 'मेरा भाग्य ही ऐसा रहा कि मैं असफल हुआ; यह मेरी किस्मत में नहीं था; मुझे अवसर नहीं मिल पाया नहीं तो मैं यह कर लेता, वह कर लेता आदि-आदि। अब यह मूर्खता ही है। यदि ऐसे पढ़े-लिखे असफल व्यक्ति दृढतापूर्वक टाइम मैनेजमेंट के साथ अपने लक्ष्य का पीछा करते तो क्या वे असफल होते? किंतु वे लोग असफलताओं को अपना सबकुछ मानकर हाथ पर हाथ रखकर बैठे रहते हैं। साथ ही दूसरों को भी उसी प्रकार की प्रेरणा देते हैं। बहुत से लोग उनकी असफलताओं को देखकर उस प्रकार के कार्यों में हाथ भी नहीं डालते। परंतु जिनका आत्मविश्वास व निश्चय शक्ति प्रबल होती है, वे ऐसी बातों पर ध्यान न देकर अपने कार्य में लगे रहते हैं और निरंतर प्रयास करते हुए सफलता की ओर बढ़ते रहते हैं और अंततोगत्वा सफल होते हैं।

असफल लोग ऐसी भावनाएँ अपने मन में पैदा करके अपनी बची हुई शक्ति को भी नष्ट करते हैं। वे स्वयं अपनी सफलता के मार्ग में सबसे बड़े बाधक बन जाते हैं। सच यह है कि बाधाएँ, परिस्थितियाँ, अवसर आदि मनुष्य की असफलता के कारक नहीं हैं। अपितु मनुष्य स्वयं अपनी सफलता के मार्ग में सबसे बड़ा बाधक है। क्योंकि वह सफलता के लिए प्रयास न करके दूसरों की आलोचना में ही अपना समय व्यतीत करता रहता है। दूसरों के कार्यों में दोष ढूँढ़ेंगे लेकिन स्वयं अपने कार्य पर ध्यान नहीं देंगे। अब वे सफल कैसे हो सकते हैं? बहुत से लोग सफलता प्राप्त करने के लिए टाइम मैनेजमेंट से न चलकर शॉर्टकट अपनाते हैं लेकिन इस प्रकार के मनुष्यों में और एक पूर्ण सफल मनुष्य में उसी प्रकार का अंतर है जो किसी फल के पेड़ पर ही पकने और उस फल के भूसे में दबकर पकने में होता है।

आज सफलता पाने लिए लोग तरह-तरह के हथकंडे अपनाते हैं, किंतु इस प्रकार मिली सफलता स्वयं को पूर्ण संतुष्ट नहीं कर पाती। इस प्रकार की सफलता किसी को प्रेरणा नहीं दे पाती क्योंकि उस सफलता के पीछे न तो उस मनुष्य का टाइम मैनेजमेंट होता है, न दृढ निश्चय, न आत्मविश्वास और न कड़ी मेहनत।

सुझाव विशेषज्ञों से

मेरे विचार से तनाव-मुक्त परीक्षा तभी हो सकती है, जब आप अपने सही समय पर तैयारी की हो। मतलब पहले आपने पढ़ाई की नहीं, अपने कीमती समय को बरबाद कर दिया हो और परीक्षा के अंतिम समय में आप दिन-रात पढ़ाई कर रहे हों यह तनाव का सबसे बड़ा कारण है।

समाधान योग से

समय : परिपूर्ण नौकासन-पूर्ण नौका मुद्रा

समय एक भ्रम है। जब जीवन बोझिल लगता है, तो यह केंचुए की तरह रेंगता है। जब जीवन आनंददायक होता है, तो यह पंख लगाकर उड़ने लगता है। योगाभ्यास के दौरान मनुष्य समय की शक्ति के साथ जुड़ता है। जब परिपूर्ण नौकासन के दौरान समय का हिसाब रखा जाता है, तो इनसान इसका मूल्य पहचानने और सराहने लगता है। इस आकलन में जब संख्याएँ बढ़ती हैं, तो गहनता में वृद्धि होती है। विद्यार्थी तैरती नौका की मुद्रा को पेश करते समय उत्सुक होते हैं, न कि डूबती नौका का। यह हमें सिखाता है कि जब ऊर्जा एक बिंदु पर एकाग्र होती है, तो हर पल में कितना कुछ हासिल किया जा सकता है। अब अभ्यास करने का समय है।

- बैठें, अपने घुटने मोड़ लें और पैरों को फर्श पर रखें।
- अपने ऊपरी शरीर को पीछे झुकाएँ, रीढ़ सीधी करें और पैर उठा लें।
- अपने हाथ सीधे आगे बढ़ाएँ, हथेलियाँ नीचे की ओर तथा कंधों के समानांतर रहें।
- अपना सीना उठाएँ, अपने ऊपरी शरीर को सीधी कतार में लाएँ।
- अपने पैरों की अंगुलियों को देखें।

□

5

लक्ष्य साधना

किसी भी छात्र का भविष्य उसके द्वारा लिये गए विषय और निर्धारित लक्ष्य पर होता है। कभी-कभी छात्र को न चाहते हुए भी माँ-बाप के डर से विषय लेना पड़ता है। उदाहरण के लिए, छात्र को मालूम है कि वह गणित में कमजोर है और आगे उससे गणित को लेकर चलना बहुत कठिन है। परंतु माँ-बाप द्वारा ज़ोर लगाने पर छात्र को गणित विषय लेना पड़ता है। इसी प्रकार कभी-कभी छात्र भविष्य की चिंता या सही समझ न होने के कारण अपने दोस्तों द्वारा लिये विषय को ले लेता है। नतीजा वह उस विषय में दक्ष न होने के कारण फेल हो जाता है। इसी प्रकार लक्ष्य निर्धारित करते समय माँ-बाप कभी-कभी अपने बच्चों को बहुत अधिक होशियार समझते हुए या आस-पास के वातावरण को देखते हुए छात्रों को उनके न चाहने पर भी लक्ष्य निर्धारित करते हैं। इस कारण वह छात्र असफल होता है अपने लक्ष्य प्राप्ति में। एक साधारण छात्र के रूप में रह जाता है।

आदर्श लक्ष्य की विशेषताएँ

- **आदर्श लक्ष्य यथार्थ पर आधारित होना चाहिए**—अपना लक्ष्य निश्चित करते समय अपनी रुचि, उम्मीदों, परिस्थितियों, योग्यताओं और क्षमताओं तथा उपलब्ध साधनों के बीच सामंजस्य बनाइए। समय-सीमा भी कुछ इस तरह तय कीजिए, जो आपकी क्षमता के अनुकूल

हो। ऐसा लक्ष्य या समय-सीमा तय मत कीजिए, जो आपके लिए असंभव हो। ऐसा करने से यदि निश्चित समय-सीमा में आप अपना लक्ष्य हासिल नहीं कर सके तो आपके आत्मविश्वास पर विपरीत प्रभाव पड़ सकता है।

- **आदर्श लक्ष्य अपने स्वयं के विश्वास पर आधारित होना चाहिए—** यह सुनिश्चित कीजिए कि अपने लक्ष्य के प्रति आप स्वयं आश्वस्त हैं। उस लक्ष्य के अनुसार आपको अपने साधन, योग्यता और क्षमता पर विश्वास है।
- **आदर्श लक्ष्य छोटे-छोटे हिस्सों में बाँटने लायक होना चाहिए—** अपना अंतिम लक्ष्य कुछ इस तरह निश्चित कीजिए कि उसे परिस्थितियों एवं साधनों के अनुसार छोटे-छोटे हिस्सों में बाँटा जा सके और फिर एक-एक करके उसे पूरा किया जा सके।
- **आदर्श लक्ष्य लोचपूर्ण अथवा सुविधाजनक होना चाहिए—**हर समय आपका स्वास्थ्य या मूड एक जैसा नहीं हो सकता। लक्ष्य निश्चित करते समय इस बात को भी ध्यान में रखा जाना चाहिए।

सबसे पहले अपना एक लक्ष्य निश्चित कीजिए; क्योंकि लक्ष्य निश्चित हो जाने के बाद यह भी साफ हो जाता है कि क्या करना है। उसके बाद अपने कार्यों का एक प्रारूप तैयार कीजिए, ताकि आप यह जान सकें कि आपको कहाँ से चलकर कहाँ पहुँचना है। तत्पश्चात् अपने रास्ते पर लगातार आगे बढ़ते हुए आप अपनी मंजिल तक पहुँच जाएँगे।

यह ध्यान रखना जरूरी है कि विज्ञान के विद्यार्थी कलाकारों, राजनीतिज्ञों की तरह एक जैसे नहीं होते। आपकी सफलता आपकी खास रुचियों पर निर्भर करती है। आपको किसी नई मुश्किल या पहेली को सुलझाना हो तो क्या आप स्वयं को आनंदित एवं उत्साहित महसूस करते हैं? क्या इस दुनिया की जटिलता आपके मन में उसे समझने की इच्छा पैदा करती है?

यदि हाँ, तो विज्ञान और इंजीनियरिंग की पढ़ाई कठिन तो जरूर है, लेकिन यह आपको वे सभी माध्यम और तकनीकें देगी, जो आपको अपना

लक्ष्य हासिल करने के लिए जरूरी हैं। अब यह देखिए कि क्या आप वैज्ञानिक या इंजीनियर बनने की क्षमता और योग्यता रखते हैं। ऐसा कोई माध्यम तो नहीं है, जिससे आप स्वयं को आँक सकें। इसके लिए आपको अपने भीतर होने वाले एहसास का सहारा लेना होगा। उस पर भरोसा करना होगा। इसके अतिरिक्त अपने लक्ष्य पर और उसके अनुसार तैयार की गई कार्य-योजना पर आपका अपना नियंत्रण होना चाहिए। उसमें किसी और की दखलंदाजी ठीक नहीं; क्योंकि अपनी जरूरत और अपनी क्षमता का जितना अंदाजा आपको है, उतना किसी और को नहीं हो सकता।

- समय का प्रबंधन भी अपनी क्षमता को ध्यान में रखकर ही कीजिए। क्षमता से अधिक काम करने से आपका पूरा प्रबंधन गड़बड़ा सकता है। सफल समय प्रबंधन के लिए उपयुक्त नियोजन जरूरी है।
- पढ़ाई के साथ-साथ अन्य आवश्यक कार्यों को भी ध्यान में रखकर समय का प्रबंधन कीजिए, जिससे आपका कोई काम अव्यवस्थित न हो।
- सूची बनाते समय कार्य की प्राथमिकता को ध्यान में रखिए। अधिक आवश्यक कार्य को पहले और कम आवश्यक कार्य को बाद में करने की कोशिश कीजिए।

अपना लक्ष्य निर्धारित करने, उसके अनुसार एक कार्य-योजना तैयार करने और अपने सभी संसाधनों, मानसिक और शारीरिक योग्यताओं का भरपूर इस्तेमाल करते हुए मंजिल तक पहुँचने का काम आपका और सिर्फ आपका है। अगर आप अपनी योग्यता का भरपूर इस्तेमाल करने में सफल नहीं रहे तो आप स्वयं को ही चोट पहुँचाएँगे। महान् चित्रकार लियोनार्डो द विंची ने कहा था, ''प्रयोग में न लाने से लोहे में जंग लग जाती है, रुका हुआ पानी अपनी शुद्धता खो देता है और ठंड के मौसम में वह जम जाता है। ठीक इसी तरह प्रयोग में न लाने पर मस्तिष्क की शक्ति भी खत्म हो जाती है। सतर्क, सक्रिय एवं जिज्ञासु मन स्वास्थ्य और प्रसन्नता की कुंजी है।' हरेक व्यक्ति के पास सीमित क्षमताएँ मौजूद होती हैं, जरूरत होती है तो उन्हें सही रूप में और सही वक्त पर प्रयोग में लाने की।

सर्वश्रेष्ठ को हासिल करने की इस प्रक्रिया में यह जानना महत्त्वपूर्ण है कि आप जीवन में कहाँ जाना चाहते हैं। आप अपने लक्ष्य तक तभी पहुँच सकते हैं, अपने सपनों को तभी सच कर सकते हैं, वहाँ तक तभी पहुँच सकते हैं, जहाँ आप जाना चाहते हैं, जब आपको यह मालूम हो कि आपका लक्ष्य क्या है। अगर आप बिना लक्ष्य के चल रहे हैं, तो आप सर्वश्रेष्ठ परिणामों की उम्मीद कैसे कर सकते हैं? उस लक्ष्य की तस्वीर को अपने दिमाग में जमकर बिठा लें और बिठाए रखें। कड़ी मेहनत करें, अपनी सफलता में विश्वास रखें और यह विचार इतना सशक्त बन जाएगा कि यह आपकी सफलता सुनिश्चित कर देगा।

जितना महान् उद्देश्य है, उतने ही परिमाण में आपका प्रयत्न भी महान् होना चाहिए—तभी आप अपने सपने को साकार रूप में क्रियान्वित कर सकते हैं। मेरा मानना है कि जब हमें अपने लक्ष्यों पर भरोसा होता है, तब हम जो भी सपना देखते हैं, वह साकार हो सकता है, परिणाम ऐसे स्वत: सामने आते हैं। आशा से बढ़कर मन को उत्साह से भर देनेवाला अन्य विचार ही नहीं है। रात को शय्या पर जाने से पूर्व कुछ समय एकांत में बैठकर अपने सपने पर पुन: विचार कीजिए—विचार कीजिए कि आपने दिन भर में उसके लिए क्या प्रयत्न किया, क्या-क्या त्रुटियाँ रह गई हैं और किस प्रकार दूर की जा सकती हैं। यदि हम निरंतर संघर्ष करते हैं, यदि हम अपने उद्देश्य के प्रति निरंतर ईमानदार बने रहते हैं, तो प्रकृति हमें अवश्य ही सिद्धि प्रदान करती है—यही कुदरत का कानून है।

अपने लक्ष्य की दिशा में आत्मविश्वास के साथ लगातार आगे बढ़ते रहने से आप अपने लक्ष्य को आसानी से हासिल कर सकेंगे। यह आप सर्वोच्च स्थान प्राप्त करने की इच्छा रखते हैं और उसे अपना लक्ष्य बनाकर कार्य करते हैं तो कम-से-कम सर्वोच्च से कुछ नीचे का स्थान आसानी से हासिल किया जा सकता है। यह रहा एक आश्चर्यजनक तथ्य : आज के 83 प्रतिशत करोड़पति निम्न या मध्यम आय वाले परिवारों में पैदा हुए थे। कल्पना कीजिए, अधिकांश सफल कॉरपोरेट एक्जीक्यूटिव्स, उद्यमी, वकील, डॉक्टर, अभिनेता, सांसद या विधानसभा सदस्य, अधिकांश शीर्षस्थ लोगों ने महानता अर्जित की है। जिंदगी

में कामयाबी के सफर की कोई समय सीमा नहीं होती। नायक से महानायक बनने का सफर अनिश्चित जरूर है, लेकिन मंजिल निश्चित है।

रचनात्मक और आशावाद से सोचता जो है, वह अपनी स्थिति को चुंबकीय बना लेता है और अपने लक्ष्य को हासिल करने की शक्ति उत्पन्न कर देता है। इसलिए हमेशा सर्वश्रेष्ठ की ही उम्मीद करें। यदि आप लेंस को हिलाते रहेंगे, तो आप आग जलाने में सफल नहीं हो पाएँगे। लेकिन अगर आप इसे स्थिर रखेंगे और सूर्य की किरणों को केंद्रित करेंगे, तो आप दहकती आग जला सकते हैं। आप में लगन होनी चाहिए, उन कामों को लगतार करते रहना, जिसके बारे में आप कहते हैं। आप में समस्या के बावजूद आगे बढ़ते रहने का संकल्प होना चाहिए। आपको संघर्ष करते रहना चाहिए और कभी हार नहीं माननी चाहिए। भूल जाएँ और आगे बढ़ें। लक्ष्य पर ध्यान केंद्रित करें और यह याद रखें कि संकट सबके सामने आते हैं, संकट में हार भी हो सकती है और

यह आपकी प्रगति में बाधा भी हो सकती है। यह जिंदगी की राह में आपकी गति में बाधा डाल सकती है, परंतु यह आपके विकास के लिए जरूरी भी है।

लक्ष्यों की शक्ति का सर्वश्रेष्ठ उदाहरण चींटी को देखकर दिया जा सकता है। सच तो यह है कि चींटी को लक्ष्य पाने से रोकने का सिर्फ एक ही तरीका है और वह यह है कि इसे मार डाला जाए। चींटी सिर्फ तभी कोशिश करना छोड़ती हैं, जब यह मर जाती है। हम सबको चींटी से सीखना चाहिए। हमें हर दिन मेहनत से काम करना चाहिए और हमें लक्ष्य बनाने तथा उनका पीछा करने के लिए समर्पित होना चाहिए। संकट तो आएँगे। चुनौतियाँ तो आएँगी। कड़ी मेहनत करें, मुश्किल समय के लिए तैयारी करें और कभी हार न मानें, मरता कौन है जो टूट गया जो जुड़ गया सृष्टि का सृजन कर देता है। महानायक बनने का साहस और आत्मविश्वास हर नायक में नहीं होता, श्वास-प्रश्वास लेते हुए भी लोग मृत होते हैं। जो कर्म नहीं करता, वह मृत है। भीड़ से अलग पहचान बनाने के लिए कुछ अलग ही सोचना व करना पड़ता है। हर रोज हजारों लोग मरते हैं, लेकिन उनकी खबर नहीं आती, जब कोई महानायक

बनता है या चला जाता है तो खबर बन् जाती है। महान् बनो। त्याग बिना कोई भी महान् कार्य सिद्ध नहीं हो सकता।

एक कदम से शुरुआत

सबसे बड़ी यात्रा एक अकेले कदम से शुरू होती है, इस चीनी कहावत के कुछ मतलब हैं। पहला, आप इस परियोजना को शुरू करें, दूसरा, प्रारंभ करके आप महसूस कर सकते हैं कि वहाँ कुछ चीजें है जिनके बारे में आपने सोचा नहीं है। कभी-कभी जब तक आप काम शुरू नहीं करते हैं तब तक काम के विवरण स्पष्ट नहीं होते।

परीक्षा में वे खरे उतरते हैं जिनमें आत्मविश्वास होता है। रिवीजन से आत्मविश्वास बढ़ता है। रिवीजन के लिए उन चीजों पर ज्यादा ध्यान दें जो अहम हों। पिछले सालों के पेपर लेकर उनमें से कुछ महत्त्वपूर्ण और ज्यादा बार पूछे गए प्रश्नों के नोट्स तैयार करें। एक मास्टर लिस्ट बना लें जिसमें वह सभी काम हों जिन्हें आपको पूरा करना है। इसके साथ रोज की एक दैनंदिनी बनाएँ जिसमें दिन के कामों की सूची हो। दैनिक सूची तैयार करते समय मास्टर लिस्ट से काम नोट कर लें। हुए कामों को मास्टर लिस्ट से काटते जाएँ।

किस समय चुस्ती-फुरती महसूस करते हैं, यह बॉडी क्लॉक पर निर्भर

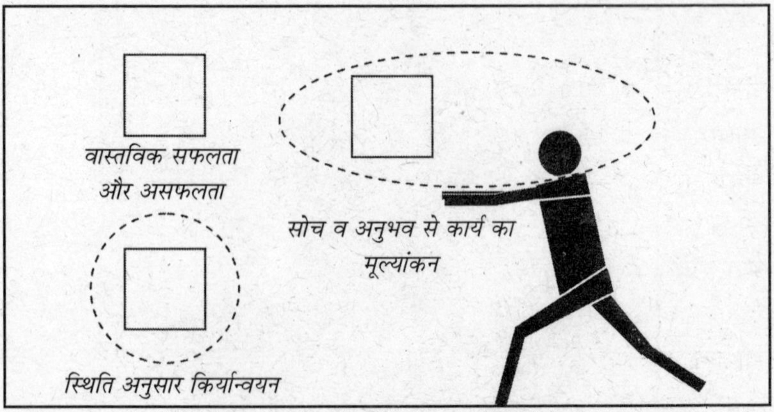

परिणाम व परिमाण की चिंता छोड़ उपलब्ध संसाधनों का सर्वश्रेष्ठ क्रियान्वयन असफलता की संभावनाएँ शून्य व सफलता की संभावनाएँ शत प्रतिशत कर देता है।

करता है। बॉडी क्लॉक को समझें और उसके अनुसार चलें। परीक्षा से पहले के एक महीने में सिलेबस का रिवीजन करना, आत्मविश्वास बढ़ाने की नायाब तकनीक है। प्रश्नबैंक में सिलेबस पर आधारित ढेरों सवाल होते हैं। प्रैक्टिस से पूरे सिलेबस को कवर किया जा सकता है। परीक्षा में स्टूडेंट के पास तीन घंटे होते हैं। इन तीन घंटों में पेपर पूरा करने के लिए स्पीड का होना जरूरी है। इसलिए रिवीजन के दौरान भी टाइम लिमिट के हिसाब से प्रैक्टिस करें।

परीक्षा को एक प्रोजेक्ट के रूप में लें। एक लक्ष्य निर्धारित करें और उसी का पीछा करें। अगर हमारी कोई मंजिल नहीं है तो राह पर हम उद्देश्यहीन चलते रहेंगे, थक जाएँगे और अंततः रुक जाएँगे, लेकिन मंजिल नहीं आएगी। परीक्षा में अच्छे नंबरों के लिए सही टाइम मैनेजमेंट होना जरूरी है। जो सवाल आसान लगता हो पहले उसी को हल करें। टाइम को प्रश्नों के मुताबिक बाँट लें। एक प्रश्न पर अधिक समय न दें भले ही वह कितनी ही अच्छी तरह आता हो।

अगर रिश्ते और पढ़ाई को मैनेज करना है तो टाइम मैनेजमेंट करना सीख लें। अपना एक शेड्यूल बना लें और उस हिसाब से अरेंज कर लें। अपने पार्टनर को भी टाइम की वैल्यू समझाएँ और पढ़ाई पर ध्यान देने को कहें। रिश्ते और प्रेम को बैलेंस करने के लिए आपको अपने ऊपर ध्यान देने की जरूरत है। परीक्षा के दिनों में प्रेम से ज्यादा पढ़ाई पर ध्यान दें वरना मन नहीं लगेगा। परीक्षा के बाद आराम से रोमांस मार सकते हैं।

किसी भी काम को अंजाम तक पहुँचाने के लिए टाइम मैनेजमेंट बहुत जरूरी है। आप अपने काम पर फोकस करें और जरूरत पड़े तो काम के आधार पर दिन भर का समय निर्धारित कर लें, जिससे आप सभी जरूरी काम समय पर निपटा सकें।

साप्ताहिक दिनचर्या

साप्ताहिक समीक्षा और समय और दूसरी परिस्थितिओं के साथ बदलना भी एक महत्त्वपूर्ण रणनीति है। हर सप्ताह, जैसे एक रविवार की रात अपने काम, अपने नोट्स और अपने कैलेंडर की समीक्षा करें। ध्यान में रखें कि जैसे-जैसे समय सीमा और परीक्षा पास आए, आपकी साप्ताहिक दिनचर्या

उनके अनुकूल हो जानी चाहिए।

जब अध्ययन करें, सबसे कठिन विषय या कार्य के साथ शुरुआत की आदत डालें। जब आप अपने चरम पर हों तब आप में उन कामों को करने में ज्यादा ऊर्जा और ताजगी होगी।

जब तक कि आपके स्कूल का काम समाप्त न हो जाए, उन कार्यों या दिनचयाओं को टाल दें, जिन्हें टाला जा सकता है। यह टाइम मैनेजमेंट की सबसे कठिन चुनौती हो सकती है। शिक्षार्थियों के रूप में हमें हमेशा ऐसे अवसर मिलते हैं जो आकर्षित दिखते हैं पर जिनके कारण परीक्षा, पेपर या फिर किसी काम की तैयारी में खराब परिणाम आते हैं। जब परीक्षा, काम आदि का दबाव कम हो जाए, तब ध्यान भंग करनेवाली गतिविधियां ज्यादा आनंददायी होंगी। आत्म-गौरव से सोचें। नहीं कहने के बजाय 'बाद में' कहना सीखें।

ऐसे समय की सोचें जब आप थोड़ा-थोड़ा पढ़ सकते हैं, जैसे जब आप घूम रहे हों, बस में सवारी कर रहे हों आदि। शायद आप संगीत सराहने या किसी भाषा सीखने के पाठ्यक्रम का अभ्यास करते हों। जब आप स्कूल चलकर या फिर साइकिल पर जा रहे हों, तब सुनने का सबसे अच्छा समय कब होता है?

शायद जब आप एक लाइन में प्रतीक्षा कर रहे हों। यह बिल्कुल सही समय है या यदि आप पढ़ने के लिए ध्यान केंद्रित कर सकते हैं तो एक अध्याय की समीक्षा कर सकते हैं। अपने समय का अच्छा उपयोग करना ही सबसे खास बात है।

सुबह सबसे पहले ये देखें की दिन में क्या-क्या काम करने हैं। रात में सोने के समय अगले दिन के लिए मानसिक रूप से तैयार हो जाएं।

एक मासिक चार्ट का प्रयोग करो, ताकि आप आगे की योजना बना सकते हो। लंबी अवधि के योजनाकार आपके समय को रचनात्मक तरीके से नियोजित करने में और उनकी याद दिलाने का काम भी करेंगे।

कुछ बेहतरीन उपाय

एक दैनिक योजना बनाएँ। यह योजना आप रात में सोने से पहले या फिर

सुबह में बना लें। इससे यह होगा कि आगामी पूरे दिन आप क्या करने वाले हैं इसका पता चल जाएगा। अब आप अपने प्लान के मुताबिक अपने काम को करते रहेंगे।

प्रत्येक कार्य के लिए एक समय निर्धारित करें। यह स्पष्ट रखें कि पहला काम 10 बजे तक दूसरा काम 2 बजे तक और तीसरा काम 5 बजे तक कर लेना है। इससे आपका काम न सिर्फ समय पर होता है बल्कि एक काम का समय दूसरे काम में नहीं देना पड़ता।

एक कैलेंडर का प्रयोग करें। कैलेंडर का उपयोग आपकी दैनिक गतिविधियों के प्रबंधन के लिए सबसे मौलिक कदम है।

डेडलाइन का ध्यान रखें। आप अपने काम को कब समाप्त करना चाहते हैं उसकी एक डेडलाइन अपने कैलेंडर पर अंकित कर लें अब अपने आप को इस तरह से सुनिश्चित करें कि आपका काम समय पर पूरा हो जाए।

जब लक्ष्य उसके निश्चित समय पर रहेगा तो या तो वह समय पर पूरा होगा या देरी से, लेकिन जब लक्ष्य थोड़ा पहले होगा तो वह हमेशा समय पर ही पूरा होगा। किसी से मिलने समय से थोड़ा पहले ही जाना चाहिए।

हमेशा वक्त का ध्यान रखें। अपने पास एक घड़ी रखें। कभी कभी काम की व्यस्तता में समय का अहसास नहीं रहता। अतः अच्छे समय प्रबंधक अपने पास एक घड़ी जरूर रखते हैं।

यदि आपको कोई काम करना है और आप अलार्म लगाते हैं तो अलार्म 15 मिनट पहले का लगाएँ।

सिर्फ एक मुख्य काम पर ध्यान केंद्रित करें। इससे आपका काम शीघ्र और पूर्ण रूप से होगा।

अपने बिताये हुए समय का ध्यान रखें। इससे अभी आप अपने प्रोजेक्ट पर कितना समय लगा चुके हैं इसका पता चलेगा और आपके पास कितना समय बच गया है यह भी ध्यान में रहेगा।

महत्त्वहीन विवरण में न फसें। आप कभी भी कार्यों को उस तरीके से नहीं कर सकते जैसा कि आपने सोच रखा है, ऐसा करना अप्रभावी होगा।

कार्य को प्राथमिकता के अनुसार करें। चूँकि आप सभी काम को अकेले

नहीं कर सकते अतः जरूरी काम पहले कर लें, बाकी रहने दें।

दूसरों को भी काम करने दें। कोई काम यदि ज्यादा महत्त्वपूर्ण नहीं है और उसे दूसरे भी कर सकते हैं तो वैसे काम दूसरों को करने दें। इससे आप और महत्त्वपूर्ण काम में अपना ध्यान लगा सकेंगे।

अगर एक ही तरह का काम हो तो उसे बैच में भी किया जा सकता है। इससे काम को वर्गों में बाँटकर किया जा सकता है।

आपका समय जिस भी काम करने से नष्ट होता है या इससे आप अपने काम से दूर होते जाते हैं।

एक काम और दूसरे काम के बीच 5–10 मिनट का अवकाश रखें इससे पहले काम को समेटने में भी थोड़ा समय मिल जाएगा।

- अपने कार्यों का कॉम्बिनेशन इस तरह बनाएँ, जिससे कि आप उन्हें बिना किसी दबाव के खुशी-खुशी कर सकें।
- काम को काम समझें बोझ नहीं। यदि कारणवश वह पूरा न हो पाए, बेवजह परेशान न हों। इससे आप दूसरे कार्यों को पूरी क्षमता के साथ नहीं कर पाएँगे।
- काम का दायरा बेवजह न फैलाएँ। एक काम को पूरा करने के पश्चात ही दूसरे काम को हाथ में लें।
- किसी भी कार्य को पूरी ईमानदारी एवं निष्ठापूर्वक मन लगाकर करें, बोझिल मन से नहीं।
- कार्य को पूजा की तरह भक्तिभाव से करें।
- अपने अनुभवों से जो कुछ सीखा और समझा है, उस पर विश्वास करें।
- अपनी क्षमताओं को समझें। आत्म-सम्मान की भावना विकसित करें।
- प्यार की भाषा बोलें।
- किसी के साथ ऐसा व्यवहार बिल्कुल भी न करें, जैसा कि आप अपने लिए नहीं चाहते हैं।
- समझदारी और विश्वास का सही इस्तेमाल करना सीखें। किसी की बातों पर पूरी तरह भरोसा तो करें, लेकिन मन में एक प्रश्न-चिह्न भी

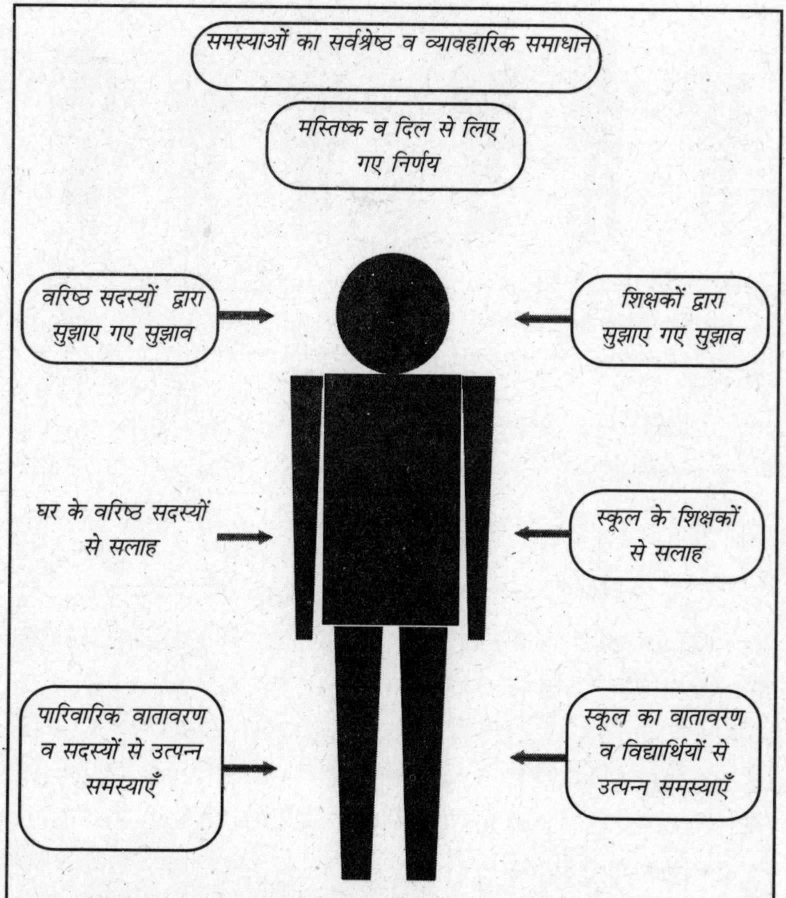

स्कूल, पारिवारिक वातावरण, सदस्यों से उत्पन्न समस्याओं का अनुकूल व सर्वमान्य समाधान

रखें। इससे आप धोखा नहीं खाएँगे।

- दुनिया में अच्छाई के साथ बुराई भी है, इसलिए परिस्थितियों से घबराएँ नहीं। लक्ष्य की ओर बढ़ते रहें।
- हर समस्या के एक से ज्यादा समाधान हो सकते हैं, इसलिए अनुरूपता बिंदु से परे सोचें। संभव है समाधान वहीं कहीं छिपा हो।

जो अवसर को नहीं पहचानते, मात्र अवसर को जाते हुए देख पाते हैं।

जो अवसर को पहचानते हैं, वे अवसर के अनुसार अपने को बदल लेते हैं।

सुझाव विशेषज्ञों से

सबसे तेज, सबसे ऊँची, सबसे शक्तिशाली नहीं बल्कि ज्यादा तेज, ज्यादा ऊँचा, ज्यादा शक्तिशाली होने का लक्ष्य बनाएँ।

समाधान योग से

विश्वास : ऊर्ध्व धनुरासन : पीछे झुकने की क्रिया

विश्वास कई स्तरों में होता है, जिस तरह पीछे झुकने की क्रिया होती है। यदि हम सचेत रहे बिना खुद को खड़ी मुद्रा में पीछे छोड़ दें, तो सिर के बल जमीन पर ठहरा सकते हैं। खुद के भीतर विश्वास निर्मित करना हमारी योग्यताओं को जानने की प्रक्रिया है। पीठ को पीछे मोड़ना आत्म-विश्वास हासिल करने का लाभकारी तरीका है। आंतरिक विश्वास के इस अहसास को विकसित करने के लिए ऊर्ध्व धनुरासन करें। इस मुद्रा में सात मुख्य चक्र सक्रिय हो जाते हैं और हृदय खुल जाता है। हथेलियों पर दबाव डालें और हाथों को लंबा करें, ताकि आप तन सकें।

- पीठ के बल लेटें और अपने पैर मोड़ लें।
- घुटनों को एड़ियों की सीध में रखें।
- साँस लें, हाथ ऊपर उठाएँ और अपनी अंगुलियाँ कंधों के नीचे जमाएँ।
- साँस लें और अपनी पीठ तथा कूल्हों को फर्श से ऊपर उठाएँ।
- हाथ सीधे करें, गरदन को पीछे मोड़ें और सिर पीछे रखकर हाथ के अँगूठों को निहारें।

□

6

एक सोच हटकर

हमारी सोच ही हमें नियंत्रित करती है। जीवन का सर्वश्रेष्ठ आनंद लेने के लिए अपने कामों को औसत सोच द्वारा नियंत्रित न होने दें। स्वयं से प्रतियोगिता करें। उत्कृष्ट सोचें। सर्वश्रेष्ठ के साथ प्रतियोगिता करने की इच्छा रखें। जब तक आप किसी बड़ी चुनौती का सामना नहीं करते, तब तक आप यह कभी नहीं जान पाएँगे कि आप में कितना दम है। अगर आप आम का बीज बोएँ और इसमें हर दिन पानी दें, तो आम का पेड़ बनेगा। अगर आप जामुन का बीज बोएँ और इसमें हर दिन पानी दें, तो यह बड़ा होकर जामुन का वृक्ष बन जाएगा। इसी तरह हमारी सोच होती है, जिसके अनुसार हमारे व्यक्तित्व का विकास होता है। कई लोग दुनिया के हालात के बारे में चिंतित रहते हैं और हताश हो जाते हैं, क्योंकि वे नहीं जानते कि एक पल से फर्क पड़ सकता है दरअसल, एक पल में दुनिया बदल सकता है।

विचार सबके मन में आते हैं, सोचते सभी हैं।

- अपने विचारों को सीमित नहीं, असीम बनाओ।
- अपनी इच्छाओं को क्षुद्र नहीं, विशाल बनाओ।
- अपनी कामनाओं को तुच्छ नहीं, महान् बनाओ।

लेकिन जो सोच को क्रियाशील बनाता है तथा यह जानता है कि जीतने वाला हारने वाले की गलतियों से सीखता है। हारने वाला भी जीत सकता है, जीतने वाले के प्रयासों को दोहरा कर। पल को जाने न दो! यदि जीतने की ठान ली है।

- समस्या पर विभिन्न कोणों से विचार कीजिए और फिर ऐसा दृष्टिकोण प्रस्तुत कीजिए, जो पहले किसी ने न प्रस्तुत किया हो।
- नया सिद्धांत विकसित कीजिए।
- कुछ रचनात्मक कीजिए। प्रतिभा की एक सबसे महत्त्वपूर्ण विशेषता है रचनात्मकता।
- नए-नए संयोजन कीजिए। विभिन्न विचारों और कल्पनाओं को संयोजित, पुनर्संयोजित कीजिए—भले ही वह संयोजन, अव्यावहारिक या असंगत ही क्यों न हो।
- आपस में एक-दूसरे से भिन्न विषयों, वस्तुओं में संबंध तलाश कीजिए।
- समस्या या सवाल के उल्टे पहलू पर भी विचार कीजिए, लेकिन सकारात्मक सोच के साथ।

एक दिन एक अमीर पिता अपने छोटे से बेटे को देहात की यात्रा पर ले गया। वह उसे दिखाना चाहता था कि गाँव में गरीब लोग किस तरह रहते हैं। देहात में वे एक बहुत ही गरीब आदमी के फार्म पर एक दिन और एक रात बिताकर जब वापस आने लगे तो रास्ते में पिता ने अपने बेटे से पूछा, ''यात्रा कैसी रही'? बेटे ने झट से जवाब दिया,

'बहुत अच्छी, पिताजी।'

'तुमने देखा, गरीब लोग किस तरह रहते हैं?'

'हाँ।' बेटे ने कहा।

'क्या सीखा तुमने?'

बेटे ने उत्तर दिया, ''मैंने देखा, हमारे घर में एक कुत्ता है। उनके पास चार कुत्ते हैं। यहाँ हमारे घर में एक छोटा सा तालाब है, वहाँ उनके पास इतनी बड़ी नदी है, जिसका कोई अंत ही दिखाई नहीं देता। हमारे बगीचे में इंपोर्टेड बत्तियाँ लगी हैं, वहाँ उनके बगीचे तारों से रोशन होते हैं।'

छोटे बच्चे की बात सुनकर पिता बिल्कुल अवाक् रह गया। उसने आगे कहा, ''पिताजी, मैंने देखा, हम कितने गरीब हैं।'

सचमुच, किसी वस्तु या स्थिति का महत्त्व इस बात पर निर्भर करता है

कि हम उसे किस नजर से देखते हैं। अगर आपके पास अच्छा स्वास्थ्य है, दोस्त हैं, परिवार है, प्रेम है, खुशी है और इन सबसे बढ़कर जीवन के प्रति सकारात्मक सोच है तो समझिए, आपके पास सबकुछ है। ये सब चीजें खरीदी नहीं जा सकतीं। आपके पास सुख-सुविधा की सभी वस्तुएँ मौजूद हैं, लेकिन यदि संतोष और खुशी नहीं है तो समझिए, कुछ भी नहीं है।

कार्यों का वर्गीकरण

जीवन एक ऐसा क्षेत्र है, जिसमें हम अनुभव और जरूरी सबक प्राप्त करते हैं। इसके द्वारा न सिर्फ हम अपने अस्तित्व में बदलाव ला सकते हैं, वरन अपने चारों तरफ एक सकारात्मक वातावरण फैला सकते हैं।

हमें जीवन को ऋणात्मक प्रवृत्तियों में बर्बाद नहीं करना चाहिए तथा व्यर्थ के दोषारोपन अपने पर तरस खाने और जीवन की असमानताओं की शिकायत करने में नहीं गँवाना चाहिए। जब तक जीवन है उसे बेहतर बनाएँ।

अंग्रेजी साहित्य के प्रसिद्ध लेखक तथा नोबेल पुरस्कार से सम्मानित साहित्यकार अर्नेस्ट हेमिंग्वे के बारे में कहा जाता है कि वे बचपन से ही प्रतिभा के धनी तथा बुद्धि के कुशाग्र थे। किंतु बचपन में उनकी सबसे बड़ी कमजोरी यह थी कि वे किसी भी कार्य को सही समय पर निष्पादित नहीं करते थे, हमेशा काम को टालते रहते थे। एक बार उनके स्कूल में एक निबंध प्रतियोगिता का आयोजन किया गया और आदतन इस कार्य में वे काफी विलंब कर गए और जब निबंध जमा कराने की अंतिम तारीख करीब आई तो उन्होंने बड़ी जल्दीबाजी में निबंध को बड़े बेमन से पूरा किया और जमा कर दिया।

प्रतियोगिता के परिणाम के दिन सभी इस बात से आश्वस्त थे कि इस प्रतियोगिता का विजेता हेमिंग्वे के अतिरिक्त और कोई नहीं होगा लेकिन सभी की आशाओं के विपरीत वे उस प्रतियोगिता में असफल रहे। अपनी इस हार पर उन्हें बहुत दुख हुआ और वे रोने लगे। उनकी बहन ने उन्हें यही समझाया कि उनकी इस हार के लिए वे खुद जिम्मेदार हैं। वे यदि निबंध लेखन में देर न करते तो अवश्य ही प्रतियोगिता जीतते। किंतु हेमिंग्वे की इस हार ने उन्हें जीवन में सफलता पाने के लिए एक महत्त्वपूर्ण सीख दी कि जीवन में समय एक ऐसा

धन है, जिसके गुजरने पर इसे कोई भी कीमत देकर वापस नहीं खरीदा जा सकता।

इसके बाद हेमिंग्वे ने अपने जीवन में समय की इस प्रकार से कभी भी बेकदरी नहीं की। इस घटना के बाद वे जीवन में हमेशा सभी कार्यों को समय पर करने लगे और बताने की बिल्कुल आवश्यकता नहीं होगी कि अपनी विधा में उपलब्धियों की जिस ऊँचाई को उन्होंने छुआ वह आज भी एक मील पत्थर है।

हम अपने दैनिक जीवन में विविध प्रकार के कार्यों को निष्पादित करते हैं तथा उसके लिए योजना भी बनाते हैं, किंतु सच में ये सभी कार्य समान रूप से महत्त्वपूर्ण नहीं होते हैं। लिहाजा हमें अपने कार्यों को प्राथमिकता के आधार पर कई श्रेणियों में विभक्त कर लेना चाहिए। ऐसी स्थिति में हम समय का सबसे अधिक सदुपयोग कर रहे होंगे क्योंकि ऐसी दशा में हमें यह पता होता है कि एक निश्चित समय में जीवन के सबसे अधिक अनिवार्य कार्यों को ही निष्पादित करना है। ऐसा करके हम हमेशा ही सफल हो सकते हैं।

प्रत्येक कार्य समय पर क्रियान्वित करने के लिए हमें उसका वर्गीकरण कर लेना चाहिए—

1. अत्यावश्यक और महत्त्वपूर्ण कार्य।
2. अत्यावश्यक नहीं किंतु महत्त्वपूर्ण कार्य।
3. अत्यावश्यक किंतु महत्त्वपूर्ण नहीं कार्य।
4. न ही अत्यावश्यक और न ही महत्त्वपूर्ण कार्य।

1. अत्यावश्यक और महत्त्वपूर्ण कार्य

जैसे कि छात्र अपनी परीक्षा की तैयारी करता है, क्योंकि छात्र को परीक्षा के समय पढ़ाई से ज्यादा अत्यावश्यक और महत्त्वपूर्ण कार्य कुछ और नहीं होता।

2. अत्यावश्यक नहीं किंतु महत्त्वपूर्ण कार्य

जैसे कि पढ़ाई अगर सतत की जाए तो निश्चित ही परीक्षा में अच्छे अंक

आएंगे और परीक्षा के समय पढ़ाई अत्यावश्यक नहीं रहेगी। जैसे अपने स्वास्थ्य के लिए अगर रोज व्यायाम करेंगे तो यह भी अत्यावश्यक नहीं है परंतु महत्त्वपूर्ण है।

3. अत्यावश्यक किंतु महत्त्वपूर्ण नहीं कार्य

जैसे कि फोन कॉल अत्यावश्यक है परंतु महत्त्वपूर्ण नहीं, हो सकता है कि केवल टाइम पास करने के लिए किसी मित्र ने फोन किया हो। किसी को शरबत पीना है तो उसके लिए यह अत्यावश्यक है परंतु महत्त्वपूर्ण नहीं। नई फिल्म जैसे ही सिनेमाघर में लगती है दौड़ पड़ते हैं देखने के लिए। यह अत्यावश्यक कार्य है परंतु महत्त्वपूर्ण नहीं।

4. न ही अत्यावश्यक और न ही महत्त्वपूर्ण कार्य

जैसे कि फालतू सोते रहना, टाइम पास करना, वट्सएप या फेसबुक पर चिपके रहना, ऐसे ही सर्फिंग करते रहना।

जो लोग दूसरे प्रकार के कार्य नहीं करते हैं वे ही पहले प्रकार को आने की दावत देते हैं, अगर समय पर सब कार्य कर लिया जाए तो पहले प्रकार (अत्यावश्यक और महत्त्वपूर्ण) की नौबत ही नहीं आएगी।

दूसरे व तीसरे प्रकार के कार्यों (अत्यावश्यक किंतु महत्त्वपूर्ण नहीं) को मना करना, जोकि केवल हम मन को खुश करने के लिए करते हैं या कुछ क्षणों के सुख के लिए करते हैं, हमें हमेशा दूसरे प्रकार के कार्यों में व्यस्त रहना चाहिए।

तीसरे व चौथे प्रकार के कार्यों से हमेशा बचना चाहिए, केवल दूसरे प्रकार (अत्यावश्यक नहीं किंतु महत्त्वपूर्ण) के कार्य में व्यस्त रहना चाहिए।

मौके के लिए स्वयं को तैयार कीजिए

कई बार ऐसा होता है कि हम कोई काम करते हैं और उसमें सफल नहीं हो पाते; ऐसे में हम निराश होकर प्रयास छोड़ देते हैं। रचनात्मकता के विकास के लिए यह प्रवृत्ति सबसे घातक है। असफलता से सीख लेकर हमें सफलता

की ओर आगे बढ़ते रहना चाहिए। असफलता वास्तव में सफलता के लिए ही रास्ता तैयार करती है। अतः असफलता के कारणों का विश्लेषण करके अपनी कमजोरियों का पता लगाइए और उसे दूर करके पुनः प्रयास में लग जाइए।

सुझाव विषेशज्ञों से

परीक्षा के पूर्व रात को भरपूर नींद लें, उत्तर देने से पूर्व प्रश्न-पत्रों के निर्देश ठीक प्रकार पढ़ें। छोटी-से-छोटी परीक्षा भी चिंतित होने पर असमंजस की स्थिति बना सकती है। बेहतर है, जितना समझ में आए, उसे और अच्छे से पढ़कर याद करें। आप बिना दबाव परीक्षा दें, एक या दो अंक कम या ज्यादा से जिंदगी पर कोई खास फर्क नहीं पड़ता है। परीक्षा के दौरान आप अपना मानसिक संतुलन बनाए रखें।

समाधान योग से

मजबूत इरादा लोलासन—झुमने की मुद्रा

जब कोई व्यक्ति सचमुच कुछ हासिल करना चाहता है, तो वह उसके आस-पास के लोगों के सामने स्पष्ट हो जाता है। किसी को सक्रियता से अपने प्रयासों में जुटे देखना प्रेरक और उत्साहवर्धक हो सकता है। जब कोई व्यक्ति अपने लक्ष्य पर केंद्रित होता है, तो उसके जीवन में स्फूर्ति, मनोबल और प्रेरणा का जबरदस्त प्रवाह होता है। चाहे यह प्रेम में पड़ना हो

या ऊँचाई से नीचे गिरना, इसे देख पाना एक सुंदर अनुभव होता है। इच्छाशक्ति की प्रक्रिया उन्नत योगासन करने की कोशिश जैसी होती है। जोखिम लेने का एक साहसिक निर्णय, जो इस डर के पार जाता है कि दूसरे क्या सोचेंगे। इसके बाद सफल होने का प्रबल संकल्प आता है। जब इच्छाशक्ति सर्वाधिक कुशलता से इस्तेमाल की जाती है, तो इनसान वही चाहता है, जो मानवजाति के लिए सबसे अच्छा होता है। लोलासन मुद्रा में आने के लिए जबरदस्त इच्छाशक्ति की जरूरत होती है। इरादे मजबूत करने के लिए यह एक बेहतरीन मुद्रा है।

- पालथी मारकर बैठें।
- आगे झुकें और अपनी हथेलियाँ कसकर दबाएँ।
- अपने कूल्हों को फर्श से उठाएँ : वॉर्मअप के लिए पैर जमीन पर रखें।
- पेट और कंधे की शक्ति का इस्तेमाल करते हुए पैरों को फर्श से ऊपर उठाएँ।
- इस मुद्रा में बने रहें और यदि संभव हो, तो पैरों को आगे-पीछे झुलाएँ।

□

7

गुस्सा कुछ करने का जज्बा

दुनिया में सबसे बड़ा जहर कौन सा—साँप का? बिच्छू का? मेढक का? नहीं, नहीं, इनके जहर का इलाज है, यह जहर उतने कष्टदायक नहीं, इस जहर का प्रभाव दृश्यमान शरीर पर होता है, यह जहर स्वयं के लिए ही दुःखदायी है, पर जिस जहर की हम बात कर रहे हैं, वह जहर अत्यंत कष्टदायक है, उस

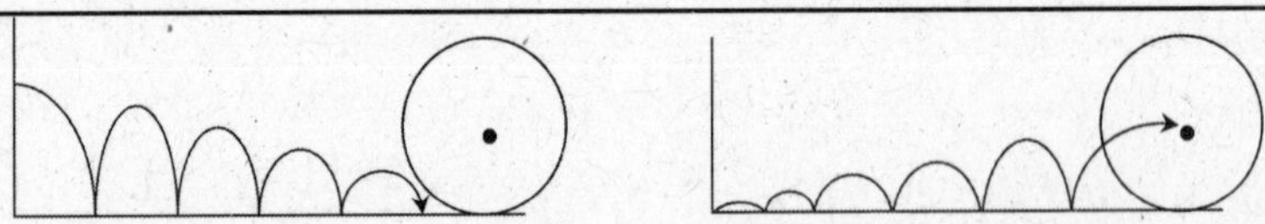

अपने पर अति आत्मविश्वास नकारात्मक सोच से सतत उत्साह को गिराते हुए शनैः-शनैः अपने लक्ष्य से दूर हो जाते है। लंबी पारी खेलने में असक्षम होते है।

अपने आत्मबल व सकारात्मक सोच से सतत उत्साह को बढ़ाते हुए शनैः-शनैः अपने लक्ष्य को पा लेते हैं। लंबी पारी खेलने में सक्षम होते हैं।

जहर का प्रभाव शरीर की स्थूल परतों को भेदकर भीतर, बुद्धि, मन, प्राण, आत्मा, सभी पर अपनी तीक्ष्ण दृष्टि डालता हुआ सर्वोत्मना, सभी को विषैला बना देता है। वह जहर है, दुनिया का एक मात्र जहर, जो सारे ब्रह्मांड को अपनी लपेट में लेकर नष्ट-भ्रष्ट कर दे, वह जहर है क्रोध का! जी हाँ, क्रोध का जहर बुद्धि को विकृत कर देता है, इंद्रियों की शक्ति को नष्ट कर देता है। मन को विषैला, रिक्त और कटु बना देता है।

सही आदमी के साथ, सही डिग्री से, सही समय पर, सही उद्देश्य से और सही तरीके से गुस्सा होना आसान नहीं है। पर घबराएँ नहीं, अपनी दिशा को बदलिए। धैर्य धारण करो, जिससे तुम्हारे अंदर और बाहर ज्ञान का प्रकाश ही प्रकाश बिखर जाए।

ऊर्जा + विश्वास = दिशायमान गुस्सा

ऊर्जा – विश्वास = दिशाहीन गुस्सा

आप पर अभी–अभी एक संकट आया है। आप विचलित हैं, आप गुस्सा हैं, अब आप क्या करेंगे? सबसे पहले तो यह जान लें कि गुस्सा होना कोई बुरी बात नहीं है, गुस्सा होना उचित है, परंतु आपको अपने गुस्से को नियंत्रित करना चाहिए, इसे खुद पर हावी नहीं होने देना चाहिए। अगर आप काबू रखते हैं तो आप जीत जाते हैं, परंतु अगर आपका काबू नहीं रहता, तो आप हार जाते हैं। साधारण आदमी असाधारण कृत्य से महान् बन जाते हैं। महान् आदमी क्रोध में गलती कर अपराधी बन सकते हैं। यह बहुत जरूरी है कि आप अपनी शांति न खोएँ क्योंकि अगर आप अपनी शांति खो देंगे तो आप हार जाएँगे। खुद को प्रताड़ित न करें।

जब लोगों पर संकट आता है या जब उनके साथ अन्याय होता है तो अधिकांश लोग गुस्सा हो जाते हैं और वे कुछ मिनट तक सचमुच प्रेरित हो जाते हैं। परंतु फिर उनका गुस्सा ठंडा हो जाता है और वह इसकी शक्ति का कभी दोहन नहीं करते हैं, जबरदस्त सफलता ही दरअसल सर्वश्रेष्ठ प्रतिशोध है, नियंत्रण में रहने पर क्रोध एक सशक्त प्रेरक औजार बन जाता है, सिर्फ गुस्से से पागल मत बनो, सिर्फ बराबरी करने की कोशिश मत करो, बल्कि आगे निकल जाओ। आपको निर्णय लेना होगा कि आप क्रोध के कारण हार जाएँगे या खुद को ऊपर उठाएँगे।

मस्तिष्क का तनाव कम करने के लिए इससे बेहतर दवा कोई दूसरी नहीं है अगर आप में विश्वास है, तो आपके लिए सबकुछ संभव है, ''ऐसा करने से आप हर काम को संभव बना सकती हैं। इसका यह मतलब नहीं है कि केवल विश्वास कर लेने से ही आपको अपनी हर मनचाही चीज मिल जाएगी। परंतु

इसका निश्चित रूप में यह मतलब जरूर है कि जब आप विश्वास करना सीख जाते हैं तो जो काम असंभव लगता था, वह अब संभावना के क्षेत्र में आ जाता है। हर महान् काम अंत में आपके लिए एक संभावना बन जाता है।

जब पूरी शक्तियों—शारीरिक, मानसिक और आध्यात्मिक—का सही तरीके से प्रयोग किया जाता है तो इसके विरोध में कोई बाधा खड़ी नहीं रह सकती है। जब कोई कठिन परिस्थिति उत्पन्न होती है, तो क्या आप जानते हैं कि इसका सामना कैसे करें? क्या आपके पास उस असामान्य रूप से कठिन समस्याओं को सुलझाने की कोई स्पष्ट रूप से परिभाषित योजना है।

विश्वास करें कि हर समस्या का समाधान है।

जवाब ढूँढ़ने की जल्दी न मचाएँ, अपने दिमाग को शांत रखें, ताकि सुझाव अपने आप आएँ और स्पष्ट हों।

जो भी जवाब आपके मस्तिष्क में विकसित होगा या अचानक आएगा, वह आपकी समस्या का सही समाधान या सही जवाब होगा।

जिंदगी के लिए निर्णय लें, वरन् जिंदगी आपके लिए निर्णय ले लेगी। अपना मानसिक रवैया बदलकर इनसान अपनी जिंदगी बदल सकते हैं, जैसा आप सोचेंगे, आप वैसे ही बनेंगे। अगर आपने एक बार कोई चीज बनाई थी, तो आप उसे दोबारा भी बना सकते हैं। दहशत में न आएँ, खास तौर पर आत्महत्या जैसे अंतिम विकल्प न चुनें। आत्महत्या अस्थायी समस्या का स्थायी समाधान है और यह दहशत का परिणाम होती है।

क्रोध का दुष्परिणाम

एक बार की बात है, एक जमीदार को धन की आवश्यकता थी। जमीदारी समाप्त हो चुकी थी इसलिए गाँव में अब वह केवल अपने खेत का ही मालिक था। वह नगर सेठ के पास पहुँचा और धन की माँग की। सेठ ने कहा, "भाई! मैं एक व्यापारी हूँ। तुम्हारा खेत पहले ही मेरे पास गिरवी रखा है। अब गिरवी रखने के लिए तुम्हारे पास कुछ नहीं है। मैं धन कैसे दूँ।"

ज़मीदार बोला, "सेठजी! मैं दो वर्ष में आपका सारा धन चुकाकर अपनी जमीन वापस ले लूँगा। मैं शहर जा रहा हूँ कमाने।"

सेठ बोला, "कुछ-न-कुछ तो गिरवी रखना ही पड़ेगा।"

जमीदार बोला, "मेरे पास मेरा यह कुत्ता है। इसे रख लो। यह वफादारी से तुम्हारे पास रहेगा।"

सेठ ने जमीदार की बात मान ली और उसे इच्छित धन दे दिया। जमीदार अपने कुत्ते को समझाकर गाँव के मकान में ताला लगाकर शहर चला गया।

एक दिन सेठ को किसी कार्यवश गाँव से बाहर जाना पड़ा। कुत्ते को घर की रखवाली के लिए छोड़कर वह चला गया। उसी रात सेठ के घर डकैती पड़ी। कुत्ता असमंजस में; कि किसे खबर करे। जब डकैतों ने सेठ का सारा धन समेटा और चल दिए तो कुत्ता भी चुपचाप उनके पीछे लग गया।

डकैतों ने जंगल में गड्ढा खोदकर सारा धन छिपा दिया। कुत्ते ने सब देखा और चुपचाप वापस आ गया।

सेठ लौटा। घर में डकैती पड़ी देखकर वह दु:खी हो गया। उसने सोचा, कुत्ता बड़ा नमकहराम है। फिर वह कुछ करता इससे पहले ही कुत्ता उसकी धोती पकड़कर खींचने लगा। सेठ समझ गया कि वह कुछ संकेत कर रहा है। वह अपने साथियों के साथ उसके पीछे-पीछे गया।

कुत्ता जंगल में पहुँचा और उस स्थान को खोदने लगा। सेठ ने उस स्थान को खुदवाया तो उसे अपना सारा धन वापस मिल गया। वह कुत्ते की वफादारी से बहुत प्रसन्न हुआ और उसे बहुत प्यार करने लगा।

दो वर्ष बाद जमीदार भी शहर से धन कमाकर वापस आ गया। उसने सोचा, "कल वापस जाकर सेठ से जमीन और अपने कुत्ते को छुड़वा लूँगा।'

इधर, सेठ ने सोचा, "आज दो वर्ष पूरे हो गए। इस कुत्ते ने बड़ी वफादारी से मेरी सेवा की। अत: जमीदार की जमीन और इस कुत्ते को गिरवी रखने पर जो धन जमीदार को दिया था, वह मैं माफ करता हूँ।' यह सब उसने एक कागज पर लिखकर कुत्ते के गले में लटका दिया और कहा, "जा भई, अब तू आजाद है। तूने मेरी बहुत सेवा की। अब सीधा अपने मालिक के यहाँ जाना।"

कुत्ता दौड़ा अपने मालिक जमीदार के घर की ओर।

इधर, सेठ का कर्ज चुकाने के लिए जमीदार घर से निकल ही रहा था कि तभी दूर उसका कुत्ता आता दिखाई दिया। उसने सोचा कि 'यह कुत्ता बड़ा

नमकहराम है। इसने सेठ के सामने मुझे बेइज्जत करवा दिया और वहाँ से भाग आया।'

उसने अच्छे-बुरे का विचार किए बिना क्रोध में भरकर बंदूक उठाई और बेजुबान जानवर को गोली मार दी। कुत्ता तड़प कर वहीं गिर पड़ा। जमीदार की नजर उसके गले में लटकी चिट्ठी पर पड़ी। चिट्ठी पढ़कर उसके पैरों तले जमीन खिसक गई।

एक लड़के ने अपने दादा से बातचीत करते हुए पूछा, ''विश्व की स्थिति के बारे में अपन क्या सोचते हैं?' तब दादा ने जवाब दिया, ''मुझे लगता है कि मेरे दिल के अंदर दो भेड़िए आपस में लड़ रहे हैं। एक में नफरत और गुस्सा भरा है और दूसरे में प्यार और शांति भरी हैं।' लड़के ने पूछा, ''इनमें से कौन जीतेगा?' दादा ने जबाव दिया, ''मैं जिसका साथ दूँगा।'

अगर हम किनारे के पार जाने के इच्छुक हों, तभी हम विजेता बन सकते हैं। ''याद रखें, अगर आप सिर्फ विश्वास कर सकें, तो सब कुछ संभव है। अगर आप जीतना चाहते हैं, परंतु सोचते हैं कि जीत नहीं पाएँगे तो यह लगभग तय है कि आप नहीं जीत पाएँगे। आपको खुद पर भरोसा करना होगा। जिंदगी का युद्ध हमेशा सबसे शक्तिशाली व्यक्ति नहीं जीतता; देर से या जल्दी जीतता वही है, जो सोचता है कि वह जीत सकता है! अगर वे कर सकते हैं, तो मैं भी कर सकता हूँ। इतिहास में हमने उन लोगों के असंख्य उदाहरण देखे हैं, जिन्होंने अपनी सोच को बदलकर अपने जीवन और परिस्थितियों को बदला है। उन्होंने असंभव स्थितियों में जीतने की आस्था विकसित की, क्योंकि उन्होंने अपने मस्तिष्क में यह बात बिठा ली कि असफल होना असंभव था।

बहुत से लोग हताश और निराश होते हैं, क्योंकि जीवन ने उन्हें इतनी बुरी तरह चोट पहुँचाई है कि उन्होंने खुद को पराजित मान लिया है, परंतु जब वे गुस्से से प्रेरित हो जाते हैं, तो उनमें नई जान, नई ऊर्जा आ जाती है, अपने संकल्प के प्रति समर्पित हो, विजय को पराजय के मुँह से बाहर निकाल ले जाते हैं।

'कोई भी अप्रत्याशित झटका या पराजय, बाधा, अड़चन, अवरोध, हार, विलंब, हानि, निराशा, नुकसान।' एक अस्थायी स्थिति है, जिसे बदला जा

सकता है। यह मृत्यु नहीं है। यह हो सकता है कि जिन लोगों के सामने संकट हो, वे मुरदा नजर आएँ। यह भी हो सकता है कि वे मौत के कगार पर हों और यह मान रहे हों कि सबकुछ खत्म हो गया है। लेकिन जब तक छोटी सी भी चिनगारी मौजूद हैं, तब तक बदलने की और सफलता पाने की संभावना रहती है।

हम सभी के जीवन में ऐसे पल होते हैं, जहाँ हम एक पल हार रहे होते हैं, परंतु एक ही झटके में, एक ही पल में सबकुछ बदल जाता है। याद रखना होगा कि अगर संकट नहीं होंगे, तो सफलता भी संभव नहीं हो सकती। विपत्ति आपको बना भी सकती है और मिटा भी सकती है।

सुझाव विशेषज्ञों से

क्रोध/गुस्सा जब आपको प्रेरित करता है, उस क्षण दी गई सही दिशा ऐसी हिम्मत देती है कि सफलता कदमों में आ जाती है। अत: गुस्से को सही दिशा दे सफलता हासिल करें। गुस्से को भौतिक की साधारण मशीन के लीवर या रासायनिक क्रियाओं का उत्प्रेरक की तरह उपयोग कर भारी-भरकम मुसीबत को उठाया जा सकता है या कार्य को त्वरित किया जा सकता है।

समाधान योग से

क्रोध : उष्ट्रासन—ऊँट की मुद्रा

बड़े आश्चर्यजनक बात है कि हर इनसान को क्रोध आता है। क्रोध का भाव हमारे मानव स्वभाव का एक अभिन्न अंग है। वैसे यह हमारे हाथ में होता है कि हम इसका उपयोग कैसे करें। हम उत्प्रेरक के रूप में इसका इस्तेमाल करके अपने लक्ष्य तक पहुँच सकते हैं या फिर इसे अपनी प्रगति में बाधक बनने दे सकते हैं। क्रोध को काबू में रखने के लिए उष्ट्रासन का अभ्यास करें। जब हम सीने को चौड़ा करके खोलते हैं और रीढ़ की कठोरता को ढीला छोड़ते हैं, तो क्रोध उत्पन्न हो सकता है। साँस छोड़कर हम इसे मुक्त करते हैं और ताजा ऊर्जा उत्पन्न करते हैं। इस मुद्रा के नियमित अभ्यास के कई अन्य

लाभ भी हैं। अपने क्रोध को नियंत्रित करें और इसे अपना सहयोगी बना लें।

- झुकें और अपने पैर कूल्हों की चौड़ाई जितने दूर कर लें।
- अपने पंजों के ऊपरी हिस्से को फर्श पर दबाएँ।
- कमर के ऊपरी हिस्से को धनुष की तरह झुका लें, कूल्हे आगे धकेलें और पीछे की ओर झुक जाएँ।
- अपना दायाँ हाथ दाईं एड़ी पर रखें और बायाँ हाथ बाईं एड़ी पर।
- अपने पेट को आगे की ओर धीरे से धकेलें और सिर पीछे की ओर झुका लें।

□

8

समस्याओं का सफल नेतृत्व

महानतम उपलब्धियों को कभी असंभव माना जाता था। जिस व्यक्ति ने भी अविश्वसनीय काम किया है, उससे असंभव काम को करने का संकल्प किया था। हर महान् आविष्कार और उपलब्धि किसी न किसी बड़े सपने का परिणाम थी। जिंदगी की महान् दौड़ में वह सफल होता है, जो बुद्धिमत्ता से अपनी रफ्तार तय करता है। आपको यह एहसास भी होना चाहिए कि जब आप अविश्वसनीय काम करने वाले हैं, तो आपके मित्र आपको पागल समझेंगे। आइंस्टीन ने कहा था, ''महान् व्यक्तियों को हमेशा दोस्तों या अपने व्यक्तियों क प्रबल विरोध का सामना करना पड़ता है।'' लोग आप पर और आपके सपनों पर हँस सके हैं, परंतु निराश न हों। आप एक बहुत ही प्रतिष्ठित समूह में शामिल हो जाएँगे, जो जानता है कि अंत में हँसने वाले की हँसी सबसे अच्छी होती है।

अगर आप अविश्वसनीय काम करने के इच्छुक नहीं हैं, तो आप महान् परिणाम भी हासिल नहीं कर सकते।

- आपके समक्ष मौजूद कार्य के प्रति समर्पण भाव रखने से ही सफलता आपके कदम चूमेगी।
- अपनी आकांक्षा को ऊँची बढ़ाओं और हीनभावना को पास मत आने दो। उठो, जीवन को बदलकर रख दो।
- यदि सपना प्रकटत: पूर्ण होता न दिखाई पड़े तो उसका परित्याग नहीं

कर देना चाहिए, क्योंकि कोई मनुष्य काम को पूर्ण हुआ तब तक नहीं देख सकता, जब तक वह कार्य पूर्ण न हो जाए।

जिंदगी मुश्किल है, परंतु यह अद्‌भुत भी है इसलिए कोशिश करते रहना होगा। जिंदगी मुश्किल समय है, ''जिंदगी में या तो आपके सामने समस्या है या आप किसी समस्या से निकले हैं या आप किसी समस्या की ओर बढ़ रहे हैं।'' यही जिंदगी है।

चुनौतियों के बिना बच्चा कभी चलना या दौड़ना नहीं सीख पाएगा। चुनौतियों के बिना हम कभी नए विचारों के बारे में पढ़ना और सुनना नहीं सीख पाएँगे। चुनौतियों के बिना हम कभी विकास नहीं कर पाएँगे और अपनी क्षमता को नहीं बढ़ा पाएँगे। ''जब तक आप जिंदा हैं, आपको थोड़ी खुशी और थोड़ा गम मिलेगा। सूरज की थोड़ी रोशनी मिलेगी और थोड़ी बारिश मिलेगी। आपकी जिंदगी में कुछ उतार आएँगे और कुछ चढ़ाव आएँगे। अपने संकटों को सफलताओं में बदलने के लिए आप में दोबारा खड़े होने की क्षमता होनी चाहिए, इसलिए आप में लचीलापन होना ही चाहिए। जब भी जिंदगी आपको नीचे गिरा दे, तो आप इस वाक्य को दोहराएँ; हो सकता है, मैं एक पल के लिए नीचे गिर गया हूँ, परंतु मैं हमेशा नीचे नहीं गिरा रहूँगा। मैं दुनिया को यह बताना चाहता हूँ कि मैं फिर से उठकर खड़ा हो जाऊँगा और मैं फिर से मैदान में लौटूँगा।''

आपका लक्ष्य भले ही कितना ऊँचा हो तो भी आप अपने मन में गिरावट न आने दें, निराशा को न घुसने दें। जिस कार्य की प्राप्ति का आपने संकल्प किया हुआ है, उसे संपूर्ण (अखंड तथा निर्दोष) रूप में करने का प्रयत्न कीजिए। अपने हृदय में संपूर्ण श्रद्धा से यह विश्वास कीजिए कि आप उस कार्य को अवश्य ही करके रहेंगे, जिसके लिए आपका जन्म हुआ है। यदि आप ऐसा कर पाएँगे तो आपको अत्यंत आश्चर्य होगा कि आपकी योग्यताओं का अद्‌भुत विकास हो जाएगा, आप की कुशलता तथा कार्य-शक्ति में आश्चर्यजनक वृद्धि हो जाएगी।

- सिद्धि के लिए निरंतर आशावाद पहली शर्त है। इच्छा को निरंतर जीवित जाग्रत् रखने से ही व्यक्ति में ऐसी सामर्थ्य आती है कि वह

अपने सपनों को साकार कर सके। जब दूसरों को आप की सफलता पर विश्वास न हो, तब भी आपको खुद पर भरोसा होना चाहिए।

समय का गुलाम न बनकर उसे अपने अनुसार नियोजित करना चाहिए तथा उसका बुद्धिमत्तापूर्ण प्रयोग करना चाहिए।

जी हाँ, असंभव कुछ भी नहीं है। जिसे हम कल तक असंभव मानते आ रहे थे, वह आज संभव होकर हमारे सामने है। किसी काम को असंभव मान लेने का वास्तविक अर्थ है—अपनी योग्यता, अपनी क्षमता, अपने गुणों पर विश्वास न होना। संभावनाएँ हर क्षेत्र में, हर जगह मौजूद हैं; उन्हें सच करने की क्षमता और योग्यता भी हमारे भीतर मौजूद है। यह हम पर निर्भर करता है कि हम इन संभावनाओं और अपनी क्षमता, योग्यता पर कितना विश्वास करते हैं, उन्हें कैसे देखते हैं।

किस्मत या संभावनाओं के दरवाजे उनके लिए हमेशा और हर जगह खुले रहते हैं, जिनके मन में सकारात्मक सोच है, जिनके भीतर मजबूत इच्छा शक्ति है, जिनके भीतर अटूट आत्मविश्वास है, जो जिंदगी की हर चुनौती से लड़ने के लिए तैयार रहते हैं। आज जो कुछ सच बनकर हमारे सामने है, उसे ही हम कल तक असंभव मानते आ रहे थे।

सचमुच समय की इससे बढ़कर बरबादी और कुछ नहीं हो सकती कि किसी के पास एक महान् संगीतकार बनने की योग्यताएँ मौजूद हैं और वह उन्हें अनजाने में ही सही, नजरअंदाज करते हुए इसे असंभव मानकर बैठा हुआ है। इस बात से कोई इनकार नहीं कर सकता कि हर आदमी अपने साथ अपार संभावनाएँ और क्षमताएँ लेकर आता है—और वह दुनिया में इसीलिए आता है कि अपनी उन क्षमताओं एवं संभावनाओं को प्रयोग में ला सके। हमारी सफलता-असफलता इस बात पर निर्भर करती है कि हम इन संभावनाओं को कितना समझ पाते हैं, उनका कितना और कैसा प्रयोग कर पाते हैं।

दृढ निश्चय

यदि हम मजबूत और शक्तिशाली होना चाहते हैं, तो हमें दृढनिश्चयी होना ही पड़ेगा, चाहे जो भी हम करें। हममें से हर एक की कुछ धनात्मक और

ऋणात्मक प्रवृति होती ही है। कुछ लोग अपने काम में बड़े माहिर होते हैं, परंतु थोड़े भुलक्कड़ भी होते हैं। वे नाम और तारीखों तथा अपने प्रिय व्यक्तियों की जन्म और विदाई की तिथियां प्राय: भूल जाते हैं।

आदर्श स्थिति तो यह है कि सभी का भला सोचा जाए। कभी-कभी कटु सत्यों को यथाशीघ्र भूल जाना ही श्रेयस्कर होता है। दरअसल, हम खुद ही अपने बर्ताव या प्रतिक्रिया के लिए जिम्मेदार होते हैं। इसलिए ऐसे संदर्भों में हमें अपनी सोच में बदलाव लाना चाहिए। हम इसलिए ऐसी स्थितियाँ भुगतते हैं, क्योंकि हम दूसरों के जाने या अनजाने में किए गए बर्ताव के खुद ही शिकार बनना पसंद कर सकते हैं। यदि वाकई में कोई चीज बुरी लगती है, तो हमें अपना पक्ष स्पष्ट कर स्वयं को व्यक्त करने का पूरा हक है। एक बहुत श्रेष्ठ गुण है जीवन की विभिन्न स्थितियों में राई का पहाड़ बनाने की प्रवृति से परहेज करना।

न हमें हर चीज को अपनी पूर्वाग्रह युक्त दृष्टि से देखना चाहिए और न ही सदैव न्यायाधीश का चोला पहने रहना चाहिए। हमें स्वयं से भी पूछना चाहिए कि हमने क्या किया या नहीं किया, जिसके कारण यह घटना हुई या यह उक्ति सुनने को मिली। जीवन में घटने वाली हर घटना में हममें से हर एक की जिम्मेदारी होती है, जो नकारी नहीं जा सकती। हमें किसी भी घटना में अपनी भूमिका को संज्ञान में लेने से बचना नहीं चाहिए। जो भी हम करते या कहते हैं, उसके बारे में हमें पूरी तरह सचेत रहना चाहिए कि हमने क्या किया या कहा या क्या दूसरे के पास है और हमारे पास नहीं है, जिसके कारण यह घटना या कोई घटना घटी या कांड हुआ।

दूसरों पर दोषारोपण करने से कुछ हासिल नहीं होता यद्यपि ज्यादातर लोग ऐसा ही करते हैं यदि आप अपनी भूमिका के बारे में पूरी तरह सचेत होंगे, तब ही उसमें सुधार ला सकते हैं या किसी घटना के संदर्भ में अवांछित असर अपने जीवन, परिवार या कार्य क्षेत्र में कम या ज्यादा कर उसका प्रभाव नगण्य कर सकते हैं। हमें जागरूक रहना चाहिए कि हम जो कुछ करते या कहते हैं, जीवन में उसका प्रभाव होता है।

दुनिया में हर इनसान को सफलता की चाहत होती है किंतु जीवन में

सफल होने की कई शर्तें हैं, जिनका शिद्दत से पालन करना होता है और समय का सदुपयोग उनमें सर्वाधिक महत्त्वपूर्ण कारक है जोकि हमें सफल होने के लिए विविध तरीकों से मदद करता है। कहा जाता है कि समय की मूर्ति के मस्तक पर पीछे की तरफ बाल नहीं होते, उसके मस्तक के आगे ही बाल होते हैं। अर्थात् समय को पीछे से कभी नहीं पकड़ सकते, उसे पकड़ने के लिए हमें आगे की तरफ से ही पकड़ना होगा।

आधुनिक मैनेजमेंट थ्योरी में टाइम मैनेजमेंट को लाइफ मैनेजमेंट माना जाता है। अपनी दिनचर्या को समय पर निष्पादित करना तथा कामयाबी पाने के लिए समय का अपने जीवन में प्रयोग करना ही समय का निष्ठा के साथ पालन कहलाता है। यहां एक अति महत्त्वपूर्ण प्रश्न यह उठता है कि आखिर हम अपने जीवन में उपलब्ध समय का पालन कैसे करें ताकि हमें अपने लक्ष्यों तक पहुँचने में कोई परेशानी न हो और हम अपने जीवन का कुशलतापूर्वक प्रबंधन करते हुए अपने कॅरियर सेटलमेंट में उत्कृष्ट सफलता पा सकें। जब तक हमारे जीवन में कोई निश्चित लक्ष्य नहीं होता हम वैसी स्थिति में समय की सबसे अधिक बरबार्द कर रहे होते हैं, क्योंकि फिर हमारे लिए यह निर्धारित नहीं होता है कि जीवन के किसी निश्चित समय में हमें करना क्या है। मानकर चलिए कि यदि हमें यही नहीं पता हो कि हमें जाना कहाँ है तो हम अपने समय का सदुपयोग तथा उचित तरीके से प्रबंधन कदापि नहीं कर सकते। लिहाजा यह आवश्यक है कि हमें निश्चित रूप से अपने जीवन का एक उद्देश्य तय करना चाहिए।

दुविधा से बचें

मानव जीवन में सफलता पाने की राह में सबसे बड़ा अवरोध है दुविधाओं का जमावड़ा। जिसके कारण हम अपनी कामयाबियों के सफर में तेजी से आगे नहीं बढ़ पाते। सोच कर देखिए कि जिस कार्य को हम कर रहे हैं या करने की योजना बना रहे हैं और उसी के बारे में हमें संदेह हो कि वह कार्य करना भी चाहिए या नहीं? तो फिर हम केवल अपने अमूल्य समय की बबार्द ही कर रहे होते हैं, इसीलिए यह अति आवश्यक है कि हमें अपने लक्ष्यों तथा सपनों के प्रति पूरी तरह से समर्पित तथा निष्ठावान होना चाहिए तथा मन में हमेशा यह

अडिग विश्वास रखना चाहिए कि हम अपने प्रयासों में अवश्य ही सफल होंगे। लेकिन यहाँ यह प्रश्न महत्त्वपूर्ण है कि आखिर हमारे अपने जीवन में दुविधा उत्पन्न ही क्यों होती है? हमारे जीवन में दुविधाएँ या संशय अपने आत्मविश्वास में कमी के कारण उत्पन्न होती है।

जब हमें यह लगता है कि हम जिस लक्ष्य की प्राप्ति की तरफ आगे बढ़ रहे हैं और उसमें सफल होना आसान नहीं है तो हमारे पैर उस राह में डगमगाने लगते हैं। लिहाजा यह अनिवार्य है कि हम अपने जीवन का जो भी लक्ष्य एक बार निर्धारित कर लें उसके बाद उसे प्राप्त करने के बारे में कभी संदेह को जन्म नहीं दें और इस प्रकार की सोच के साथ जब हम आगे बढ़ेंगे तो हमारा समय कभी बर्बाद नहीं होगा।

समय सीमा

क्या आपने कभी यह सोचा है कि हम आज के काम को कल पर तथा कल के काम को परसों पर क्यों टालते हैं? हेमिंग्वे सरीखे विश्वप्रसिद्ध साहित्यकार की तरह हम किसी कार्य को संपादित करने के लिए अंतिम तारीख का इंतजार क्यों करते हैं? इन प्रश्नों का यही उत्तर है कि हम अपने कार्य को निष्पादित करने के लिए किसी समय सीमा को तय नहीं कर पाते और हमेशा यही सोचते रह जाते हैं कि अमुक कार्य को किसी और दिन कर लेंगे और एक दिन ऐसा भी आता है जबकि हमारे पास सबकुछ होता है लेकिन समय नहीं होता, इसलिए इस बात को हमेशा सुनिश्चित करें कि किसी कार्य को हमें कब तक पूरा कर लेना है। ऐसी परिस्थिति में हम निश्चित रुप से समय का सबसे अधिक सदुपयोग कर रहे होंगे।

सुधार की गुंजाइश

दुनिया में कोई भी इनसान पूर्ण नहीं है। प्रत्येक व्यक्ति में कुछ-न-कुछ कमी अवश्य होती है। कहा जाता है कि गलतियां करना स्वाभाविक तथा मानवीय है जिसका आशय यह है कि किसी कार्य को सौ फीसदी पूर्णता के साथ कभी भी अंजाम नहीं दिया जा सकता, इसीलिए किसी काम को पूरी

शुद्धता से करने की कोशिश करने के इंतजार में अमूल्य समय को बर्बाद करते रहने के पाप से हमें बचे रहने की जरूरत है। लेकिन इसका अर्थ यह नहीं कि हम अपने कार्यों को बेतरतीब तरीके से न करें। आशय यह है कि हम जो भी कार्य करें उसके साथ उपलब्ध समय को ध्यान में रखते हुए हमें यही सोच कर हर काम को उसके निर्धारित समय पर खत्म कर देना चाहिए कि हर संपादित कार्य में चाहे वह कितना ही उत्प्ट क्यों ना हो हमेशा किसी न किसी तरह के सुधार की गुंजाइश जरूर होती है।

ज्यादा समय की उपलब्धि

अर्नेस्ट हेमिंग्वे की एक मशहूर पुस्तक है 'दी ओल्ड मेन एंड दी सी' इस पुस्तक में एक बूढ़े मछुवारे से बच्चा प्रश्न पूछता है कि बूढ़े व्यक्ति प्रायः इतनी सुबह क्यों जग जाते हैं? वृद्ध मछुआरा बच्चे के इस सारगर्भित प्रश्न को सुनकर हतप्रभ रह जाता है और जवाब देता है, ''अपने दिन को लंबा करने के लिए।' सच पूछिए तो उस मछुआरे के इस जवाब में जीवन में सफल होने के लिए बड़ी बातें एवं दर्शन निहित है। इस दुनिया में सभी इनसानों के पास एक दिन तथा रात में महज चौबीस घंटे ही होते हैं। किंतु इस चौबीस घंटे के समय को करिश्माई तरीके से हम बढ़ा सकते हैं। यदि हम अन्य लोगों की तुलना में दो-तीन घंटे पूर्व जगें तो इसका यही अर्थ हुआ कि हमने उपलब्ध चौबीस घंटों की अवधि में अतिरिक्त उतने घंटे बढ़ा लिए।

सच तो यह है कि हम कितने घंटे सोते हैं यह हमारी आदत में शामिल होता है। यदि हम अनावश्यक रूप से सोने की आदत पर नियंत्रण पा लें तो कोई शक नहीं कि समय पर विजय पा सकते हैं। सही मायने में इस प्रकार की सोच के साथ यदि हम अपने दैनिक जीवन के कार्यों को अंजाम दें तो कोई शक नहीं कि हम समय की बबादी को बड़ी आसानी से रोक सकते हैं तथा जीवन को सफल बना सकते हैं।

धैर्य सफलता का आधार

सफलता के लिए टाइम मैनेजमेंट के साथ धैर्य का होना एक महत्त्वपूर्ण गुण है क्योंकि मनुष्य की सफलता-असफलता धैर्य पर ही टिकी होती है। जरा

सा धैर्य खोकर अधीर होने पर आपका बनता कार्य बिगड़ सकता है। अत: हमें बाँध कभी टूटने नहीं देना चाहिए अन्यथा निराशा, परेशानी, क्रोध, चिंता आदि जैसे अवगुण तुरंत मनुष्य को जकड़ सकते हैं जो उसे असफलता की ओर ले जाते हैं।

धैर्य मनुष्य का वह आभूषण है जो विषम परिस्थितियों में उत्पन्न कठिनाइयों को टाल सकता है; वहीं दूसरी ओर कठिन कार्यों को भी आसान कर सकता है। आज लोगों में सबसे अधिक कमी धैर्य की ही है। छोटा हो अथवा बड़ा; बस भागम-भाग, भागम-भाग। एक छोटी सी बात पर झगड़ा आरंभ हो जाता है और फिर देखते-ही-देखते विकराल रूप धारण कर लेता है।

सत्य की खोज

एक जंगल में एक हिरणी, लोमड़ी और शेरनी में गहरी मित्रता हो गई। कुछ समय पश्चात् शेरनी ने दो शावकों को जन्म दिया। एक दिन शिकार की खोज में जाते समय उसने हिरणी और लोमड़ी से कहा, ''मैं भोजन की व्यवस्था करने जा रही हूँ, मेरे लौटने तक मेरे बच्चों का ध्यान रखना। इधर-उधर न चले जाएँ।'' हिरणी ने कहा, ''चिंता मत करो बहन, हम ध्यान रखेंगे।''

शेरनी निश्चिंत होकर चली गई। शेरनी के मुँह फेरते ही लोमड़ी के मन में पाप समा गया। उसने हिरणी से कहा, ''तुम बहुत थकी दिख रही हो। ऐसा करो, थोड़ा आराम कर लो। तब तक मैं इन शावकों की देखरेख करती हूँ।''

हिरणी आराम करने चली गई। लोमड़ी इसी अवसर की ताक में थी। उसने एक-एक करके दोनों शावकों को अपना निवाला बना लिया और उनका खून एवं हड्डी के एक-दो टुकड़े चुपचाप हिरणी के पास रख दिए तथा खून उसके मुँह और पैरों पर लगा दिया और स्वयं नदी पर जाकर नहा-धोकर आ गई। कुछ समय पश्चात् शेरनी शिकार को घसीटती हुई वापस आई और अपने शावकों को न पाकर दहाड़ती हुई बोली, ''कहाँ गए मेरे शावक?''

लोमड़ी चालाक थी। उसने तुरंत कहा, ''देखो, यह हिरणी के मुँह पर खून लगा है। मैंने इसे मना किया था कि शावकों को मत खा, शेरनी बहन क्रोधित होगी, परंतु यह नहीं मानी।''

शेरनी ने देखा, हिरणी के मुँह पर खून लगा है। वह क्रोध में भरकर उसकी ओर बढ़ी लेकिन कुछ सोचकर वापस मुड़ी। फिर जंगल से कुछ पत्ते तोड़े और लाकर हिरणी व लोमड़ी को खिलाए। पत्ते खाते ही हिरणी व लोमड़ी ने उलटी कर दी। प्रमाण सामने आ गया। हिरणी के पेट से घास निकली जबकि लोमड़ी के पेट से हड्डियाँ व मांस।

यदि शेरनी चाहती तो तुरंत हिरणी को समाप्त कर सकती थी लेकिन उससे सच और झूठ का पता नहीं चलता। उसने समय लगाया और धैर्य से काम लिया और सत्य का पता लगाया।

उतावलापन धैर्य का सबसे बड़ा दुश्मन होता है। कोई भी कार्य करने के लिए धैर्य की आवश्यकता होती है। अधीरता खतरा उत्पन्न करती है।

अपने स्वयं के पंखों के सहारे उड़ान भरिए, कुछ कर दिखाइए

किसी दूसरे के पंखों के सहारे उड़ने से अच्छा है, अपने खुद के पंखों को विकसित कीजिए और उनके सहारे उड़ान भरिए। इससे आपके पास अपनी आवश्यकता और इच्छा के अनुसार उड़ान भरने का मौका रहेगा। दुनिया में इतना अमीर इनसान शायद की कोई होगा, जिसे किसी की मदद की जरूरत न पड़े और ऐसा कोई गरीब या अभावग्रस्त इनसान भी नहीं होगा, जो कभी किसी को किसी तरह की मदद नहीं पहुँचा सकता। इस बात को समझने वाला ही सफल होने का हकदार होता है।

सुझाव विशेषज्ञों से

परीक्षा कोई कठिन या आसान नहीं होती, मात्र आपकी स्थिति के अनुरूप होती है, अतः अपनी स्थिति को सुदृढ करें। मुश्किल में भी आप कैसे अपने को सामान्य रखते हुए परीक्षा देते हैं, यह आपके व्यक्तित्व को भी मजबूत बनाता है।

भेड़ों के समूह का नेतृत्व यदि शेर के हाथ में हो तो भी युद्ध जीतना ज्यादा आसान है, तुलना में जो नेतृत्व एक भेड़ कर रही हो शेरों के समूह का।

समाधान योग से

ध्यान भंग होना : दंडासन-छड़ी की मुद्रा

ध्यान भंग करने वाली चीजें—मैं कहाँ हूँ! ओह हाँ, शायद दंडासन पर। ऐसा कोई दिन नहीं होता, जिसमें आपका ध्यान कभी भंग न होता हो। काश! ऐसा हो सके, तो यह स्वर्ग जैसा अनुभव होगा। जब हमारा ध्यान भंग करने वाली चीजें नहीं होती हैं, तो हम अपनी इंद्रियों को असीमित क्षमता की दिशा में ले जाते हैं। दंडासन इस शक्ति को पाने के लिए उत्कृष्ट आसन है। इस स्थिति में रीढ़ सीधी तनी होती है। इस आसन में एकाग्र ऊर्जा विकसित होती है, जिसका इस्तेमाल किसी भी काम में किया जा सकता है। एकाग्र रहने से इतना अनुशासन हासिल हो जाता है कि स्वादिष्ट व्यंजन भी हमें नहीं ललचा सकते।

- सीधे बैठें और अपनी रीढ़ को तान लें। पैरों को आगे की ओर फैला लें और सटा लें।
- नाभि को अंदर की ओर खींचें और पैर फर्श पर नीचे दबाएँ।
- पेडू की मांसपेशियों पर दबाव डालें और ठुड्डी को सीने की ओर रखें।

□

9

मील का पत्थर

अगर आप विपत्ति आने पर घबरा जाते हैं तो आपकी शक्ति बहुत कम है। आपको ये घटनाएँ याद न हों, जब आप कई बार सफल हुए।

- जब आपने पहली बार चलने की कोशिश की थी, तब आप गिर गए थे।
- जब अपने पहली बार बोलने की कोशिश की थी, तो आपके मुँह से आवाज भी नहीं निकल पाई थी।

सफलता उन लोगों को मिलती है, जो अपने घर को अथक लक्ष्य से बनाते हैं, पत्थर-दर-पत्थर अंतिम पत्थर रखने में भी वे उतनी ही सावधानी बरतते हैं, जितनी कि पहला पत्थर रखने में और वे हमेशा यह बात ध्यान रखते हैं कि सबसे महत्त्वपूर्ण पत्थर वह है, जिसे वे इस पल रख रहे हैं, उत्कृष्टता हमेशा सर्वश्रेष्ठ परिमाण देती है।

- जब आपने पहली बार कार चलाई थी, तो क्या आप उसे फर्राटे से, बिना रुके चला पाए थे?

परंतु आपने हार नहीं मानी! हम सभी कई बार असफल होते हैं। यह तो सफलता का हिस्सा है। बस कोशिश करना न छोड़ें। असफलता के बारे में चिंता न करें, उन अवसरों के बारे में चिंता करें, जो आपसे इसलिए छूट जाते हैं, क्योंकि आपने कोशिश ही नहीं की। आपके साथ क्या होता है, यह महत्त्वपूर्ण नहीं है; महत्त्वपूर्ण तो वह है, जो आप उसके बारे में करते हैं। आप मैदान नहीं छोड़ सकते। आपको जूझना होगा। आपको अपने मन में यह सोच लेना चाहिए कि हार मानना विकल्प ही नहीं है।

समस्या कहाँ उत्पन्न हुई हैं और आप इस अनुभव से क्या सीख सकते हैं, यह देखना पड़ेगा कि आप इससे क्या सबक सीख सकते हैं। आपको यह भी देखना पड़ेगा कि कहीं समस्या पैदा करने में आपका कोई योगदान तो नहीं है। अगर ऐसा है तो आपको उस गलती को दोहराने से बचना होगा। समस्या के बारे में सोचते ही न रहें। गलती से सीखें, भविष्य में बेहतर काम करने का संकल्प लें और समस्या को भूल जाएँ।

जीवन में हम सबको कई बार पराजय मिलती है, परंतु यह संभव है कि आप पराजित होने के बाद भी न हारें और असफल हुए बिना असफलता को झेल जाएँ। विजेता असफलता और पराजय को जीतने की प्रक्रिया का हिस्सा मानते हैं।

अपने प्रयासों को, अपनी सारी मुश्किलों को पर्वत-शृंखलाओं पर न लगाएँ, बल्कि एक समय में एक चीज पर हमला करें, जो आपको उस समय परास्त कर रही है, निश्चित रहें। एक-एक करके समस्याओं को दूर करें। आप ऐसा कभी न सोचें कि आपकी जो परिस्थिति है, वैसी आज तक किसी की नहीं हुई है। ऐसी कोई परिस्थिति होती ही नहीं है। ऐसी कोई मुश्किल

नहीं है, जिसे आप जीत न सकें। किसी भी संकट को सफलता में बदलने के प्रति कृतज्ञ रहें।

- यह समझ लें कि जिंदगी उतार–चढ़ाव का खेल है।
- अपने लक्ष्य पर ध्यान केंद्रित करें : आप कहाँ जा रहे हैं।
- दहशत से जरा सी भी शक्ति नहीं मिलती है, निर्णय लें!
- जब तक आप कर्म नहीं करेंगे तब तक कुछ भी नहीं होगा।
- समस्या का सामना करें, इसे खोजें और मिटा दें या बदल डालें।

अपने संकल्प के प्रति समर्पित हों। जीतने का संकल्प लें और कभी मैदान न छोड़ें! विपत्ति से चुनौती मिलती है, चुनौती से परिवर्तन होता है, चुनौती न हो, तो उन्नति भी नहीं हो सकती। हममें से ज्यादातर लोग विपत्ति और परिवर्तन से घबराते हैं, परिवर्तन सफलता का अनिवार्य हिस्सा है और उन्नति करने के लिए आप में परिवर्तन करने की इच्छा होनी चाहिए।

समय स्थिति को बदल देता है, इसलिए जो पहले था, वह आज नहीं है और जो आज है, वह जल्दी ही नहीं रहेगा। तो आपको परिवर्तन करना होगा! आप में अपनी सोच, दृष्टिकोण, नजरिए और कार्यों में परिवर्तन करने की इच्छा होनी चाहिए। सतत परिवर्तन ही एकमात्र वास्वतिकता है और आपको यह अभी करना होगा! कोई भी महान् व्यक्ति गलतियाँ किए बिना महान् नहीं बना। गलतियाँ विकास और सफलता का आवश्यक हिस्सा है। अतीत में जो हुआ है, उसे आप बदल तो नहीं सकते हैं, परंतु अपने अतीत में जो किया है, उससे उत्पन्न समस्याओं को आप जरूर सुलझा सकते हैं।

रविंद्र जैन जन्म से दृष्टिहीन थे। दृष्टिहीनों के लिए यह कहा जाता था कि ये कुछ नहीं कर सकते, मात्र भीख माँगने के अलावा। लेकिन रविंद्र जैन ने दृष्टिहीन होते हुए भी एक संगीतकार बनने का सपना देखा। उसके लिए उन्होंने दिन–रात अभ्यास किया, अभ्यास में वे इतने लीन हो जाते थे कि कई बार संगीत वाद्य बजाते हुए उनकी अंगुलियाँ लहूलुहान हो जाती थीं। उनकी इस लगन और मेहनत ने उन्हें एक महान् संगीतकार बना दिया। यह उनका विश्वास ही था, जिसने अन्य तथ्यों को नजरअंदाज करते हुए उन्हें एक महान् संगीतकार बना दिया।

एक साक्षात्कार में सर एडमंड हिलेरी से पूछा गया कि माउंट एवरेस्ट की

चोटी पर पहुँचने वाले सबसे पहले व्यक्ति बनने के लिए उन्होंने सबसे बड़ी किस चुनौती का सामना किया। उन्होंने कहा कि सबसे बड़ी बाधा थी मनोवैज्ञानिक अवरोध को जीतना और हार के डर से कोशिश करना न छोड़ना। सबसे बड़ी बाधा थी बिना कोशिश किए हार मानना। अकसर हम अपने लक्ष्य इसलिए प्राप्त नहीं कर पाते, क्योंकि हम कभी कोशिश ही नहीं करते!

परंतु एक बार जब एडमंड हिलेरी माउंट एवरेस्ट की चोटी पर पहुँच गए और उन्होंने दिखा दिया कि ऐसा किया जा सकता है, तो उसी पल यह काम दूसरों के लिए ज्यादा आसान हो गया। अब तो माउंट एवरेस्ट की चोटी पर टूर भी ले जाए जाते हैं, जैसा सर एडमंड हिलेरी ने कहा था, "हमने पहाड़ को नहीं, खुद को जीता है।'

चाहने और सपने देखने में अंतर होता है। जो बड़े सपने देखते हैं, वे एक महान् भविष्य की कल्पना करते हैं। महान् जीवन हमेशा एक महान् सपने से शुरू होता है। रचनात्मक स्वप्नदर्शी सामाजिक संबंधों को उत्साहवर्धक, प्रेरक और खुशनुमा नजरिए से देखते हैं। सूर्य हमेशा चमकता है, परंतु कभी-कभार बादल उसे ढक लेते हैं! जो विपत्ति के समय कठिन परिस्थितियों का सामना शांत मन से करते हैं, विजय प्राप्त करते हैं।

बिना जोखिम के लाभ कमाना बिना खतरे के अनुभव पाना और बिना काम किए पुरस्कार पाना लगभग उतना ही असंभव है, जितना कि बिना पैदा हुए जिंदा रहना। आप शक्ति, साहस और आत्मविश्वास, ऐसे हर अनुभव से हासिल करते हैं, जिसमें आप डर की आँखों में देखना सचमुच बंद कर देते हैं। आप इतने सक्षम बन जाते हैं कि खुद से कह सकें, "मैं इस दहशत में जिया हूँ। मैं हर उस चीज का सामना कर सकता हूँ, जो मेरे सामने आएगी।' आपको हर वह काम करना चाहिए, जो आप सोचते हैं कि आप नहीं कर सकते।

अवसर की परख

अवसर मनुष्य के जीवन में सफलता के वे सोपान हैं जिन्हें पाकर वह सफलता की सीढ़ियाँ चढ़ता है। प्रत्येक अवसर का पूरा लाभ लेने के लिए जरूरी है कि टाइम मैनेजमेंट के साथ उसका लाभ उठाया जाए। कहा जाता है कि अवसर पर

चैका मारना शोभा देता है, यदि प्रत्येक गेंद पर आँख बंद करके खिलाड़ी चैका मारता रहे तो उसे पैवेलियन में ही बैठना पड़ेगा। वह मैदान पर अपना हुनर नहीं दिखा सकेगा। इसी प्रकार जब मनुष्य को उचित अवसर मिले तब उसे तुरंत पकड़ लेना चाहिए। अवसर को कभी गँवाना नहीं चाहिए अन्यथा यही हाल होता है कि 'अब पछताए होत क्या जब चिड़ियाँ चुग गईं खेत।'

एक बार की बात है, बादशाह अकबर सभा में अपने मंत्री बीरबल के साथ किसी वातार्लाप में व्यस्त थे। अचानक अकबर ने पूछा, "बीरबल! बताओ सबसे अच्छा शस्त्र कौन सा होता है?"

बीरबल ने प्रश्न सुना और तुरंत प्रत्युत्तर दिया, "जहाँपनाह! इस प्रश्न का सीधा सा उत्तर है। जो समय पर काम आए, वही सर्वोत्तम शस्त्र है।"

उस समय अकबर ने कुछ नहीं कहा और सभा समाप्त हो गई।

बीरबल के उत्तर को परखने के लिए कुछ दिनों के बाद अकबर उस मार्ग पर अपने एक दरबारी के साथ प्रतीक्षा करने लगे, जहाँ से बीरबल प्रतिदिन आते थे। बीरबल के आते ही अकबर ने उस मार्ग पर एक पागल हाथी छुड़वा दिया। बीरबल ने भाँप लिया कि यह बादशाह का किया-धरा है। उन्होंने तुरंत अपने कुत्ते को उस हाथी की ओर दौड़ा दिया और स्वयं एक पेड़ की आड़ में खड़े हो गए। हाथी उसकी ओर दौड़ा। लेकिन अंततः कुत्ता उसे दूर खदेड़ने में कामयाब हो गया। यह देखकर अकबर चुपचाप खिसक गए और अगले दिन दरबार में इस बात को स्वीकार किया कि जो शस्त्र अवसर पर काम आए, वही सर्वश्रेष्ठ है।

इसलिए अवसर जैसा हो, उसके अनुसार आप जो कर सकते हैं, वह करना चाहिए। यह नहीं सोचना चाहिए कि 'मेरे पास इस अवसर को सँभालने की शक्ति नहीं है, मैं क्या करूँगा?" बल्कि आपको तुरंत उस अवसर को पकड़ना चाहिए, अन्यथा आपकी वह चूक आपको असफलता के द्वार पर लाकर खड़ा कर देगी।

दृढ निश्चय

प्राचीन समय की बात है। एक दिन महर्षि अगस्त्य स्नान करके अपने आश्रम

लौट रहे थे। तभी उनकी दृष्टि एक चिड़िया पर पड़ी। वह चिड़िया समुद्र के पानी को अपनी चोंच में भरती, बाहर आकर उस पानी को उड़ेल देती; फिर रेत में लोटकर अपने परों पर रेत चिपकाती और उसे समुद्र में जाकर झाड़ देती। वह लगातार यह क्रिया दोहरा रही थी। महर्षि अगस्त्य विस्मित कि यह नन्ही चिड़िया आखिर चाहती क्या है? वे दो-तीन दिन आते-जाते उसे देखते रहे। चिड़िया लगन और मेहनत से अपने कार्य में जुटी हुई थी। अंततः एक दिन महर्षि अगस्त्य ने इसका रहस्य चिड़िया से पूछ ही लिया, ''नन्ही चिड़िया! यह तुम क्या कर रही हो?''

चिड़िया ने उत्तर दिया, ''महर्षि! आप देख रहे हैं, काम से मुझे तनिक भी फुर्सत नहीं है। पया मुझे क्षमा करें। आप अपना प्रश्न बाद में पूछिएगा।''

महर्षि का आश्चर्य और बढ़ा। उन्होंने पुनः पूछा, ''चिड़िया रानी! मुझे बताओ तो तुम क्या कर रही हो? हो सकता है, मैं तुम्हारी कुछ सहायता कर सकूँ।''

तब चिड़िया दुःखी स्वर में बोली, ''मुनिवर! मेरा अपराध क्षमा करें। बात यह है कि यह समुद्र मेरे अंडे बहा ले गया है। मैंने इससे कई बार प्रार्थना की कि मेरे अंडे वापस कर दे लेकिन इसने ध्यान नहीं दिया।''

चिड़िया की बात सुनकर महर्षि बोले, ''ठीक है, लेकिन अब तुम क्या कर रही हो?''

चिड़िया ने कहा, ''जब समुद्र ने अंडे वापस नहीं किए तो मैंने निश्चय किया कि मैं चोंच में पानी भर-भरकर बाहर उड़ेल दूँगी और समुद्र को सुखा दूँगी। मैं अपने इस कार्य में सफलता प्राप्त करके ही रहूँगी।''

महर्षि अगस्त्य हतप्रभ रह गए। चिड़िया अपने उद्देश्य को पाने के लिए एक-एक पल का सदुपयोग कर रही थी। ये था उसका टाइम मैनेजमेंट। जब हम समय की कद्र करते हैं, दृढ निश्चयी होते हैं तो हमारे अंदर छिपी हुईं दैवीय शक्तियाँ जागृत हो जाती हैं और वे अपना कार्य आरंभ कर देती हैं। जिससे हमें सफलता की ओर आगे बढ़ने की शक्ति प्राप्त होती है।

समय का सदुपयोग

एक बार आँखों की बीमारी के दौरान फिल्मकार वी. शांताराम की आँखों

पर डॉक्टरों ने तीन माह के लिए पट्टी बांध दी। इस खाली समय का उपयोग उन्होंने नवरंग फिल्म का तानाबाना बुनने में किया। जैसे ही वे बिस्तर से उठे, उन्होंने अविलंब फिल्म निर्माण का काम हाथ में ले लिया। इतिहास गवाह है कि यह अपने समय की एक बेमिसाल फिल्म साबित हुई जिसने बॉक्स ऑफिस के सारे रिकार्ड तोड़े।

समय की कमी के कुछ ऐसे कारण जिनके केंद्र में हम स्वयं ही होते हैं और निर्धारित समय-सीमा में अपना काम संपन्न नहीं कर पाते। मिसाल के तौर पर—

- संपूर्ण ध्यान न लगाना और काम में दिल को नहीं जोड़ना।
- किसी चीज को याद रखने के लिए बार-बार उसका स्मरण करते रहना।
- सजग नहीं रहना।
- कार्यशैली में लचीलेपन का न होना।
- विश्राम काल का अत्यधिक लंबा होना जिससे एक काम के समाप्त होने के बाद दूसरा शुरू करने में अनावश्यक विलंब का होना।
- निर्दिष्ट कार्य के संपादन के लिए आवश्यक सूचनाओं की जानकारी न होना।
- शारीरिक क्षमता का आकलन नहीं कर पाना और जो है उसे बनाए नहीं रख पाना।
- अपनी क्षमता से अधिक काम करने के कारण बार-बार बीमार पड़ना।
- कई प्रकार के भय से ग्रस्त रहना।
- योजनाबद्ध होकर कार्य संपादित नहीं करना।
- अपने काम के लिए आवश्यक तकनीक से परिचित नहीं होना।
- आलस्य का होना और आखिरी समय तक के लिए काम टालना।
- कुछ लोगों का सॉफ्ट टारगेट बनना।
- अपना काम छोड़कर उन कामों को करने लगना जो किसी और के लिए निर्धारित हों।
- अपनी व्यस्तता का संज्ञान होने के बावजूद संकोचवश किसी अन्य का

काम अपने हाथ में ले लेना।

- किसी काम को निपटाने के दौरान बीच-बीच में पड़ने वाली जरूरतों की पूर्ति का वास्तविक आकलन नहीं कर पाना।
- समय का नियोजन करते समय बीच-बीच में आने वाली संभावित समस्याओं पर विचार नहीं करना।
- दो कामों के बीच मिलनेवाले समय अंतराल के उपयोग के बारे में योजना नहीं बना पाना।
- कार्यों की प्राथमिकताओं को तय नहीं कर पाना।

इस तरह हम पाते हैं कि पर्याप्त समय होने के बावजूद हमें समय की कमी का सामना करना पड़ता है। इन मामलों में हम अपनी जिम्मेदारी से इनकार नहीं कर सकते। अपनी कार्य शैली में सुधार लाकर समय की कमी की पूर्ति कर पाना निश्चित ही हमारे लिए संभव होता है।

कई बार हम कामों में व्यस्त तो रहते हैं, लेकिन सारा दिन काम करने के बावजूद ऑफिस छोड़ते समय हमें लगता है कि जैसे आज हमारे सोचे हुए कार्य नहीं हो पाए। कार्यों के पूरा न हो पाने के कोई प्रत्यक्ष कारण दिखाई नहीं देते, लेकिन इसके कुछ अप्रत्यक्ष कारण हैं जिनसे उत्पादक समय की बरबादी होती है। उदाहरण के लिए—

- जरूरी चीजों का नियत स्थान पर न मिलना।
- आवश्यक कागज-दस्तावेजों का अस्तव्यस्त रहना।
- फाइलों का खराब रख-रखाव होना।
- बिना सोचे-समझे और योजना के कार्य आरंभ करना।
- अपने सहकर्मियों को आकृष्ट करने वाली ऑफिस की अनावश्यक सजावट।
- अगर हम किसी काम को करने के लिए समय तय नहीं करेंगे तो हो सकता है एक घंटे के काम को करने में एक, दो दिन क्या सप्ताह भी लगा दें। समय सीमा तय करने के बाद हमारे पास बचने वाले अतिरिक्त समय का उपयोग किया जा सकता है।
- हर जगह उत्पादक क्रिया-कलापों की दक्षता और और उनमें लगने

वाले समय में दस प्रतिशत वृद्धि और गैर-जरूरी में दस प्रतिशत की कमी करते चले जाएँ।

- किसी भी अच्छे काम को कल तक के लिए न टालें।
- अपना फोकस सदैव बनाए रखें।
- उपयुक्त टेक्नोलॉजी का उपयोग करें। विशेष कौशल और टेक्नोलॉजी पर ध्यान दें जिनसे समय बचता हो।
- अनावश्यक तनाव और काम टालूपन से बचें।
- आज का काम आज ही निपटाएं। जब देर तक काम करेंगे तो अगले दिन अपने आप टाइम मैनेजमेंट का बेहतर रास्ता सुझाई देने लगेगा।
- ऑफिस के कर्मचारियों को अनावश्यक इंतजार कराना।
- आवश्यक तैयारी के बिना किसी बैठक में भाग लेना।
- समयपूर्व आवश्यक तैयारी किए बिना बैठकों का आयोजन करना।
- बैठक को अनावश्यक रूप से लंबा खींचना।
- फिजूल बातों पर बहुत अधिक ध्यान देना।

इस तरह के कारणों से अनुत्पादक बननेवाले समय को सावधानीपूर्वक नियोजन द्वारा निश्चित ही बचाया जा सकता है।

- अपने दिन को आवश्यकतानुसार छोटे-छोटे काल खंडों में बाँटें और प्रत्येक काल खंड के लिए टास्क तय कर टेबल पर सामने रखें। अगर परिस्थितियों की माँग के हिसाब से प्राथमिकता बदलना है तो बदलें लेकिन उसे लिखकर ही करें।
- ऑफिस में ज्यादातर काम ऐसे होते हैं जो दोहरानेवाली प्रकृति के होते हैं। ऐसे कामों की सूची बना लीजिए और पूर्व तैयारी कर के रख लीजिए। हर बार नए सिरे से शुरुआत करना अत्यधिक समय को खाता है। जिन कामों को दोहराना पड़ता हो, उनके बारे में सोचें कि कैसे उन्हें आसानी से किया जा सकता है?
- हमें चाहिए कि हम व्यवधान उपस्थित करने वालों को काम के लिए प्रेरित करें। काम करने के लाभ बताएँ। उन्हें हम बताएँ कि अगर हम अपना काम ईमानदारी से नहीं करेंगे तो अपने घर में बच्चों को किस

तरह से प्रेरित कर सकेंगे? अगर हमारे काम से बच्चे संस्कारित नहीं होंगे तो किस तरह वे भविष्य में उपयोगी बनेंगे?

- मल्टी-टास्किंग का महत्त्व समझें। क्या किसी इंतजार में लाइन में खड़े रहते हुए, टेलीविजन देखते हुए, घूमते समय, सफाई करते समय कुछ किया जा सकता है? पॉकेट डायरी और पेन सदैव साथ रखिए ताकि अच्छे विचारों को तत्काल लिखा जा सके।
- काम के दौरान प्रतिबद्धता का परिचय दें और ध्यान बँटाने वाली हर चीज से बचकर रहें।
- अपनी उस बुरी आदत का पता लगाएँ जो समय खाती हो और उसे दूर करने की दिशा में काम करें।
- काम की चीजों को याद न रख पाने की समस्या से समय की अनावश्यक बरबादी होती है। इसके लिए लिखने की आदत लाभदायक सिद्ध हो सकती है। बेहतर है कि एक पॉकेट डायरी अपने पास रखें। डायरी समय को कीमती बनाने और दिमाग की अनावश्यक ओवरलोडिंग होने से बचाने का कारगर उपाय सिद्ध होती है।

कार्य के दौरान व्यवधानों का आना स्वाभाविक है। लेकिन हमें उन कारणों और घटकों पर विचार करना चाहिए जिनको नियंत्रित करना हमारे बस में है और उनका भी जो हमारे बस में नहीं हैं। यह सच है कि काम के दौरान आने वाले अधिकतर व्यवधानों से हम चतुराई और अपनी व्यवहार कुशलता से बच सकते हैं। अगर कोई निरुद्देश्य हमारे पास आता है तो अपना कार्य बिना छोड़े हम काम में व्यस्त रहते हुए ही सिर उठाकर मुस्कराते हुए फिर अपना काम करने लग सकते हैं।

- एक समान काम करते रहने से नीरसता आती है। अदल-बदल कर काम करें।
- अभी मेरा मूड नहीं है बाद में कर लूँगा, अभी तो बहुत समय पड़ा है, ये बहाने छोड़ें और जो काम तय किया है, उसे तत्काल आरंभ करें।
- दक्ष लोग वे होते हैं जो उस काम को एक दिन में निपटा लेते हैं जिसे दूसरे करने में सप्ताह भर लगाते हैं। अगर श्रेष्ठ उत्पादक बनना है तो

जड़त्व, आलसीपन, बेकार समय गँवाने की आदत और सुस्ती को अलविदा कहें ताकि समय सीमा के पहले ही कार्य निपट सकें।

- हमारा मोटिवेशन बोरियत से छुटकारा पाना हो। अत: प्रत्येक कार्य को पूरे मन से करें। अधिकतर लोग इसलिए श्रेष्ठ उत्पादक इसलिए नहीं होते कि उन्हें काम करना नहीं आता, वास्तव में वे काम करना ही नहीं चाहते हैं।
- कभी भी औसत व्यक्ति या सहकर्मी को अपना रोल मॉडल न बनाएँ।
- जिस काम को आप करते हों, उससे प्यार करना सीखें।
- जिस काम को कर रहे हों, उसे पूरी तन्मयता से करें। उस समय किसी ओर ध्यान न बँटे, इसका विशेष ख्याल रखें।
- टाइम मैनेजमेंट में समय को बचाना जरूरी होता है। बार-बार की गलतियों के होने से समय की अत्यधिक बबादी होती है। इससे बचने के लिए नियमित अभ्यास जरूरी है। किसी महान् संगीतज्ञ ने कहा है कि अगर मैं एक दिन अभ्यास न करूँ तो मुझे तत्काल पता चल जाता है, दो दिन न करूँ तो मेरी पत्नी को और तीन दिन न करूँ तो श्रोताओं को।
- नए विचारों और प्रौद्योगिकी को अपनाने में भय को त्यागें। ऐसा करने से आरंभ में समय बहुत खर्च हो रहा है, ऐसा महसूस होता है लेकिन आगे चलकर अकल्पनीय बचत समय की हो सकती है।
- काम के लिए बैठने के पूर्व सुनिश्चित कर लें कि जिन जिन चीजों की आपको जरूरत पड़ सकती है, वे सब आपके पास मौजूद हैं। बिना रुकावट के काम करने वालों के पास करीब 20 प्रतिशत समय की बचत हो जाती है।
- ताजा रहने के लिए जीवन में सफलता के साथ ही सार्थकता के लिए भी कार्य करें।
- 25 रुपए की छूट पाने के लिए 15 किलोमीटर जाकर उस वस्तु को खरीदना बुद्धिमानी नहीं है, समय गँवाना है।
- दिन के उस भाग को आरक्षित रखें जिसमें हम अपने आप को सबसे अधिक तरोताजा महसूस करते हों। इसमें उस काम को करें जो गंभीर

किस्म के और अत्यधिक सोच और विश्लेषण की माँग करने वाले हों।

- सुबह आधा या एक घंटा पहले उठकर महीने में 15 से 30 घंटे बढ़ाएँ।
- अगर आप सीखना बंद कर देते हैं जो जीवन में सुस्ती आ जाती है। सुस्ती टाइम मैनेजमेंट में बड़ी बाधा है। सीखने के मामले में अपने उत्साह और रुचि के स्तर को हमेशा ऊँचा रखें।
- ऐसे अध्ययन करें जैसे कि आपको उसे कहीं पढ़ाना है। बेहतर समझ से समय की बहुत बचत होती है।
- निश्चित जगहों पर चीजों को रखने की आदत डालें। लापरवाही समय के अपव्यय का कारण बनती है। याद कीजिए, कई बार घर की या कार की चाबी खोजने में घंटों गुजारना पड़ते हैं।
- फाइल या फोल्डर का नाम अपनी सामान्य सोच पर आधारित हो ताकि अनावश्यक समय खर्च न हो। बेहतर है कि कंप्यूटर से काम करते समय फाइल का नाम अपने डाक्यूमेंट के साथ लिखने की आदत बना लें। बार-बार खोजने में लगने वाले समय की बचत होगी।
- सही तरीके से और तत्काल आवश्यक दिशा-निदेर्शों के साथ काररवाई करें। ऐसा करने से काम अच्छे व जल्दी होते हैं।
- अगर किसी दौर में काम का दबाव कम हो तो, उसका समुचित उपयोग अपने कौशल विकास में करें। इस समय दिवा-स्वप्न से बचें और अपना विश्लेषण करें।
- अपने और अपने आफिस को व्यवस्थित रखने के लिए अपनी योजना में गुंजाइश रखें ताकि आवश्यकतानुसार महत्त्वपूर्ण कार्य निपटाए जा सकें।
- टाइम मैनेजमेंट के समय संभावित व्यवधानों, कार्य के समय होने वाली थकान का ध्यान रखते हुए आराम, मनोरंजन आदि का भी ध्यान रखें।
- हमेशा विकल्प के साथ आगे बढ़ें। समस्याओं के साथ समाधान भी आमंत्रित करें ताकि बेहतर निर्णय पहले से ही लिया जा सके और निर्णय बदलने में अनावश्यक समय खर्च न करना पड़े।

अगर हम टाइम मैनेजमेंट के मामले में संकल्पित हैं तो कई जगह पर हमें

अपने काम करने के तौर-तरीकों में बदलाव लाने की जरूरत महसूस होने लगेगी, लेकिन यह न भूलें कि किसी भी प्रकार का सकारात्मक परिवर्तन लाना आसान नहीं होता। जब तक कि हम स्वयं दिल से न चाहें और संकल्प से न डिगें, बात बनती नहीं है।

इसीलिए हमें ही सोचना होगा कि हम अपने समय का उपयोग कैसे करेंगे? यानी हमारे अल्पावधि और दीर्घावधि लक्ष्यों को कैसे हासिल करेंगे। हमें ही सोचना होगा कि अपने निर्धारित लक्ष्यों को ध्यान में रखकर किस तरह योजना बनाएँ और समय को आवंटित करें। अपने समय का विवेकपूर्ण और तर्कसंगत उपयोग करने के लिए हमें महत्त्वपूर्ण और आवश्यकता में भेद करना होगा तथा प्राथमिकता के आधार पर कार्य सूची को समयबद्ध करना होगा।

वाणी का रस

एक बार की बात है, एक व्यक्ति को किसी कार्यवश एक गाँव में जाना पड़ा। उसके गाँव में पहुँचने से पहले अंधेरा होने लगा। उसने विश्राम के उद्देश्य से एक घर में आश्रय माँगा। घर की मालकिन ने उसे घर के आँगन में रुकने के लिए स्थान दे दिया। वह मालकिन से बोला, ''आपका मकान बहुत सुंदर है, परंतु कभी भूकंप आ जाए तो यह टूट-फूटकर गिर जाएगा।''

यह सुनकर मालकिन ने कहा, ''इसे छोड़िए; आप आराम कीजिए।'' थोड़ी देर बाद वह फिर बोला, ''आप इतनी मोटी हैं, आपके मरने के बाद आपको चार आदमी तो उठा नहीं पाएँगे।''

यह सुनकर भी मालकिन शांत भाव से बोली, ''आप थके हुए हैं, आराम करें।''

वह थोड़ी देर चुप रहा। फिर बोला, ''आपके पति अभी तक नहीं आए। हो सकता है, वे दुर्घटनाग्रस्त हो गए हों।'' अब मालकिन का धैर्य जवाब दे गया। उसने पास रखा लट्ठा उठाकर उस व्यक्ति के सिर पर दे मारा और मार-मारकर उसे वहाँ से भगा दिया। उसके सिर से बहते खून को देखकर राहगीरों ने पूछा, ''अरे भई! क्या हो गया?''

वह व्यक्ति बोला, ''कुछ नहीं, मेरी वाणी का रस बह रहा है।''

सीधी सी बात है, उसकी अनुचित वाणी ने उसके बनते काम को बिगाड़ दिया। मनुष्य की वाणी वह अचूक बाण है जिसका प्रभाव सुनने वाले की अंतरात्मा पर होता है।

अभ्यास

कहा गया है कि अभ्यास में जितना अधिक पसीना बहाओगे, युद्ध में उतना ही खून कम बहेगा; वैसे आज के प्रतियोगिता भरे युग में पढ़ाई करना और अच्छे नंबरों से पास होना किसी लड़ाई से कम नहीं रह गया है। बात तो बहुत सीधी सी है कि अगर आपको ये लड़ाई जीतनी है तो इसके लिए पहले से रणनीति बनाने और उसके अनुरूप तैयारी करने की आवश्यकता है। आमतौर पर सही मार्गदर्शन के अभाव में विद्यार्थी ठीक ढंग से तैयारी नहीं कर पाते और परीक्षा का समय नजदीक आते ही उनमें चिंता और घबराहट बढ़ने लगती है। इसलिए हमने इस अध्याय में किसी भी परीक्षा की तैयारी करने और उसमें सफल होने के कुछ सूत्र यहाँ दिए हैं—

सुझाव विशेषज्ञों से

एक अध्यापिका होने के नाते मैं यह कहना चाहती हूँ कि प्रश्न-पत्र के ब्ल्यू प्रिंट के अनुसार परीक्षा की तैयारी करें। प्रश्नों के उत्तर प्रश्नानुसार सीमित लिखें। हमेशा यह बात याद रखें कि यह जिंदगी की कोई आखिरी परीक्षा नहीं है। अपनी कमियों को सुधारने के बहुत अवसर मिलते हैं। अत: अपनी गलतियों से सीख लें न कि उनसे निराश हों। समय का सही उपयोग करें, क्योंकि बीता समय वापस नहीं आता।

समाधान योग से

शीर्षासन : सिर के बल खड़े होने की मुद्रा

सृष्टि ऐसी ऊर्जाओं का परस्पर संबंध है, जो आपस में जटिलता से गुँथी हुई हैं। जब ऊर्जा का एक स्रोत दूसरे का समर्थन करता है, तो एक श्रृंखला बन जाती है। जब लोग हमारे जीवन में ऐसा करने लगते हैं, तो हम उन्हें मित्र कहते

हैं। यदि हम उनसे ऐसा करने की उम्मीद करते हैं, लेकिन वे नहीं करते हैं, तो हम उन्हें दूसरा नाम दे देते हैं। हम योग में दीवार, अतिरिक्त सामग्री या दूसरों की मदद लेकर सहारा पा सकते हैं। शीर्षासन मुद्रा करें और शरीर के लिए सहारा निर्मित करें। इसे सभी आसनों को सम्राट् माना जाता है और यह शरीर पर गुरुत्वाकर्षण की शक्ति का प्रतिरोध करता है। मस्तिष्क ऑक्सीजन से भर जाता है और नए परिदृश्यों से ऊर्जावान बनता है। जब हम शरीर को ऊपर की ओर उठाते हैं, तो हम डर को जीत लेते हैं। सहारा आंतरिक शक्ति का इस्तेमाल करने और इस मुद्रा में इच्छाशक्ति हासिल करने से मिलता है।

- घुटनों के बल बैठें और अपनी कोहनियों से आगे तक के हिस्से को त्रिकोण की स्थिति में फर्श पर टिका लें।
- अपनी अंगुलियों को कसकर गूँथ लें और सिर के सबसे ऊपरी हिस्से को अपनी हथेलियों पर आराम से रख लें।
- अपने सिर के पीछे के हिस्से को हथेलियों से छूने दें, ताकि हाथ में दर्द न हो।
- घुटने सिर की ओर लाएँ और पैरों को सीधा कर लें।
- अपने पैर आधी दूर तक ऊपर लाएँ या जितना सीधा संभव हो उतना करें; गरदन के किसी भी तनाव को मुक्त कर दें।

□

10

मंजिल निर्भीक कदमों से

हमें हर दिन को एक अवसर की तरह देखना होगा, जो यह माँग करता हैं कि हम अपना सबकुछ झोंक दें और अपना सर्वश्रेष्ठ कर्म करें। हर सुबह जंगल में चिंकारा जागता है और वह यह बात अच्छी तरह जानता है कि उसे सबसे तेज दौड़ने वाले शेर से ज्यादा तेज दौड़ना होगा, वरना शेर उसे मार डालेगा और खा जाएगा। उसके साथ ही हर सुबह जंगल में शेर जागता है और यह बात अच्छी तरह जानता है कि उसे सबसे धीमे दोड़ने वाले चिंकारे से ज्यादा तेज दौड़ना होगा, वरना वह भूखा मर जाएगा। इससे कोई फर्क नहीं पड़ता कि आप शेर हैं या चिंकारा, जब सूर्य उगे तो बेहतर है कि आप दौड़ने लगे! अपने अंदर इतना जोश पैदा कर लें कि आपकी हर शंका और डर मिट जाए। फिर फैसला करें कि आप सचमुच ऐसा करके दिखाएँगे। हर एक की यात्रा एक ही ढंग से शुरू होती है, सिर्फ एक कदम से; आप जो अगला कदम उठाएँ, अपना सर्वश्रेष्ठ दें और सर्वश्रेष्ठ हासिल करें।

हर जीवन के साथ एक जैसी प्राणधारा बहती है। सभी व्यक्ति जीवन के तयशुदा रास्तों से गुजरते हैं। जिस रास्ते से महावीर और बुद्ध, राम और रहीम, मीरा और मंसूर गुजरे। आइंस्टीन और एडीसन, शेक्सपियर और मैक्समूलर, नोबल और नेल्सन भी आखिर हम में से ही पैदा हुए हैं। जैसे माँ की कोख से हम पैदा हुए थे, वैसे ही वे भी पैदा हुए। आखिर उनके और हमारे जीवन में अंतर क्या है?

उनका एक लक्ष्य था, जीवन की सुनिश्चित राह थी। हम उन लोगों को भी देखते हैं, जो शरीर से अपूर्ण या अपाहिज होते हुए भी सफलता की ऊँचाइयों तक पहुँचे और उन्होंने जीवन का भरपूर परिणाम पाया। प्रकृति द्वारा दिए गए अभावों के बावजूद जो ऊँचाइयों तक पहुँचे, वे ही तो धरती पर शिखर-पुरुष कहलाते हैं। सूरदास नेत्रहीन थे, पर उनकी काव्य-प्रतिभा की सारी मानवता कायल है। यदि हम किसी भी वस्तु की प्राप्ति की आकांक्षा अपने संपूर्ण मन से करें और उसे प्राप्त करने के लिए निरंतर प्रयास तथा संघर्ष करते रहें, तो प्रकृति हमें सफलता वैसे ही दे देती है, जैसे सूरज से चली किरण और बादल से बरसी बूँद हम तक पहुँच ही जाती है।

जिस आदमी को जिंदगी में अपना लक्ष्य नजर आता है, वह व्यक्ति अपने जीवन की अंतिम साँस तक का उपयोग कर लेता है। जिस आदमी के जीवन का कोई लक्ष्य नहीं होता, वह आदमी न तो जी रहा है और न ही मर रहा है। जिसके जीवन में संकल्प-शक्ति और इच्छा-शक्ति सुदृढ तथा प्रबल है, वह व्यक्ति हर कठिनाई से लड़ सकता है। ऐसा ही एक व्यक्ति था, नेपोलियन। नेपोलियन कहता था कि उसके शब्दकोश में 'असंभव' नाम का कोई शब्द नहीं है। अगर शुभ कार्य को अशुभ समय में करो, तो भी कल्याण होगा और अशुभ कार्य को शुभ समय में करो, तो भी अकल्याण होगा। निरर्थक जीवन मत जिओ, अपने जीवन में कुछ सृजन करो, धरती पर बिना लक्ष्य का जीवन जीओगे, तो वह भार हो जाएगा।

सफल लोग जानते हैं कि संकट सफलता की कीमत है और इस कीमत को चुकाने के बाद ही सफलता मिलती है। यह अनिवार्य है कि आप संघर्ष करने का संकल लें। आप अपनी जिंदगी के रचयिता बन सकते हैं या फिर आप अपनी परिस्थितियों के शिकार बन सकते हैं, यह आप पर निर्भर करता है। कई बार ऐसी चीजें होंगी, जिन्हें आप नियंत्रित नहीं कर सकते, परंतु अंततः सफलता का मतलब विकल्प चुनना है, जो लोग अविश्वसनीय काम करने की कोशिश करना चाहते हैं, सिर्फ वही महान् काम कर पाते हैं।

एडीसन ने बल्ब का आविष्कार किया था। वह अपने प्रयोग के दौरान हजारों बार असफल रहा। उसके सभी साथी उसे छोड़ गए, फिर भी उसने

हिम्मत नहीं हारी। वह अपने काम में जुटा रहा, आखिर उसने अपने लक्ष्य को पा ही लिया और सारा संसार बल्ब की रोशनी से जगमगा गया। जब उससे पूछा गया कि उसने हार क्यों नहीं मानी, तो उसका जवाब था, "मैं असफल नहीं हुआ था। मैंने तो एक और तरीका खोजा था, जिससे बिजली के बल्ब का आविष्कार नहीं हो सकता था।" पहले दिन जब बल्ब बनाने का विचार मेरे मस्तिष्क में आया, मैं जानता था, बल्ब बन सकता है।

किसी व्यक्ति की जिंदगी में जो परिस्थितियाँ होती हैं, वे दरअसल महत्त्वपूर्ण नहीं हैं, महत्त्वपूर्ण तो यह है कि व्यक्ति उन परिस्थितियों पर कैसी प्रतिक्रिया करता है। उसकी प्रतिक्रिया ही सफलता और असफलता का सबसे बड़ा निर्णायक तत्त्व है। तकदीर संयोग की नहीं, बल्कि चुनाव की बात है। यह कोई ऐसी चीज नहीं है, जिसका इंतजार किया जाना चाहिए, बल्कि ऐसी चीज है, जिसे हासिल किया जाना चाहिए। समस्या का मूल्यांकन करते समय प्राथमिकता तय कर लें, जिसका अर्थ यह है कि आप उन समस्याओं का सामना कैसे करेंगे, इसका क्रम निर्धारित कर लें। आप में यह विश्वास होना चाहिए कि आप इस चुनौती से उबरने में सक्षम हैं।

विलियम शेक्सपियर ने कहा है, "हमारी शंकाए दगाबाज हैं और हमें उन अच्छे कामों को करने से रोकती हैं, जिन्हें हम अकसर कर सकते थे; इसलिए क्योंकि हम कोशिश करने में ही डरते हैं, असफल होने से न डरें। लक्ष्य बनाएँ, पुरुषार्थ जगाएँ। मंजिल आपके कदमों में होगी। भले ही व्यक्ति अपनी असफलता के लिए किस्मत को दोष देता है, पर हकीकत यह है कि किस्मत भी उसी का साथ निभाती है, जो पुरुषार्थी होते हैं।"

उस उपलब्धि का मूल्य ही क्या, जो बिना श्रम के मिल जाए। आदमी का

असफल होना स्वाभाविक है। आखिर गिरता वही है, जो चला करता है, पर जो गिरकर भी फिर खड़ा हो जाए और फिर सुदृढता से चलना शुरू कर दे, वही सफल होता है। तुम कदम उठाकर तो देखो, शिखरों पर तुम्हारे पद-चिह्न होंगे, आने वाली पीढ़ी के लिए, फिर से किसी को प्रेरणा देने के लिए, ऊँचाइयों को पाने के लिए।

अगर लोग आपके सपनों पर हँस नहीं रहे हैं, तो आपका सपना पर्याप्त बड़ा नहीं है। सपना जितना बड़ा होगा, चुनौतियाँ और समस्याएँ भी उतनी ही बड़ी होंगी, बहरहाल पुरस्कार भी उतने ही बड़े होंगे। अपने दिमाग में यह अमिट छवि बिठा लें कि आप सफल हो रहे हैं, आपका मस्तिष्क इस तसवीर को पूरा करने के रास्ते खोजेगा। कभी भी यह न सोचें कि आप असफल हो रहे हैं।

जब आप बड़ी सफलता के लिए खुद को तैयार करते हैं, तो यह तथ्य कभी न भूलें : ज्यादातर लोग असुरक्षित होते हैं। वे नौकरी, घर और सामाजिक स्थितियों में डरे हुए होते हैं। जिंदगी की राह पर हजारों लोग हारे हुए और डरे हुए घुटनों के बल घसीटते हुए चले जा रहे हैं और ज्यादातर मामलों में उनके कुंठा या असमर्थता सिर्फ काल्पनिक हैं, इसलिए अनावश्यक हैं।

अपनी कल्पना में बाधाओं का निर्माण न करें। हर तात्कालिक बाधा को कम करके आँकें। अपनी कल्पना में बाधा को बड़ा या विराट् न बनाएँ। कठिनाइयों को समाप्त करने से पहले उनका अध्ययन और विश्लेषण करना पड़ता है, परंतु उन्हें उनके असली स्वरूप में ही देखना चाहिए।

याद रखें कि ज्यादातर लोग ऊपर से, आत्मविश्वास से भरे दिखते हैं, परंतु अंदर से वे भी अपने बारे में उतने ही डरे हुए और सशंकित होते हैं, जितने कि मैं और आप। ''वे जीत जाते हैं, जिन्हें यह विश्वास होता है कि वे जीत सकते हैं।''

हो सकता है, आपका सामना अनजाने भविष्य से हो। मैं जानता हूँ कि ऐसा करते समय आपको डर लग सकता है, परंतु आपको साहस रखना चाहिए। साहस सिर्फ डर का अभाव नहीं है, बल्कि डर के बावजूद आगे बढ़ना हैं आगे बढ़ें, साहस के साथ आगे बढ़ें और यह पहचान लें कि जिंदगी एक अद्‍भुत रोमांच है।

याद रहे, स्कूल में आपको सबक पहले दिया जाता है, इम्तहान बाद में लिया जाता है। जबकि जिंदगी में इम्तहान पहले लिया जाता हैं, सबक बाद में दिया जाता है। जीवन में पीछे की तरफ देखकर समझा जाता है, परंतु इसे आगे की तरफ देखकर जिया जाता है, हम बिना पराजित हुए पराजय का सामना कर सकते हैं। सफलता पाने के लिए आप में संघर्ष करने और कड़ा संघर्ष करने की इच्छा होनी चाहिए। प्रतिभा पर्याप्त नहीं है, कड़ी मेहनत भी काफी नहीं है, आप में विजेता का दिल होना चाहिए और फिर आपको वह काम करके दिखाना चाहिए। संकल्प तब आता है, जब आपको अपनी आंतरिक शक्ति का एहसास होता है, संकल्प होने पर आप उस भावनात्मक स्थिति में पहुँच जाते हैं, जहाँ आप तब तक नहीं रुकते हैं, जब तक कि आप अपने लक्ष्य को पा न लें। एकाग्र और संकल्पवान रहने पर आपको दु:ख पश्चात्ताप नहीं, बल्कि सुखद परिणाम मिलेंगे।

जिंदगी की दौड़ में सबसे तेज या शक्तिशाली व्यक्ति नहीं जीतता है, बल्कि वह व्यक्ति जीतता है, जो तब तक चलता रहता है, जब तक कि मंजिल पर नहीं पहुँच जाता। अगर आप कोशिश करते रहेंगे, तो आप हवाओं का रुख मोड़ सकते हैं, यह निर्णय लें कि आप कभी नहीं रुकेंगे, जब तक कि मंजिल पर नहीं पहुँच जाते। आपको यह बात याद रखनी चाहिए। कभी हार न मानें। "खेल तब तक खत्म नहीं होता जब तक कि आप मंजिल नहीं पाते।" उस समय को एक महान् संतुष्टि की भावना का अनुभव होता है, जब आप मंजिल को पा लेते हैं। एक पेंटर के लिए यह एक पेंटिग को पूरा करने से है, तो एक मूर्तिकार के लिए अपनी कलाकृति को पूरा करने से है, एक लेखक को अपनी कृति पूर्ण करने से और एक पर्वतारोही के लिए यह चोटी पर पहुँचने से जुड़ा है।

आपके जीवन में सफलता का सूर्योदय अवश्य होगा। 'जागो! अपने कर्तव्य के लिए सजग हो जाओ, अपने लक्ष्य को साधे बिना विश्राम मत लो, ईश्वर आपके साथ है।'

सुझाव विशेषज्ञों से

मैं तैयार हूँ, इंतजार है परीक्षा के दिन का, माता-पिता परीक्षा का दबाव न बनाएँ तो हम और अच्छा कर सकते हैं। मंजिल पाना इतना महत्त्वपूर्ण नहीं, जितना इसको बनाए रखना। हमें सफलता को सिर्फ मंजिल के रूप में नही, बल्कि एक यात्रा के रूप में भी देखना होगा, जो सतत रोमांच और चुनौतियों से भरी है। सावधान रहो!

समाधान योग से

कृतज्ञता : ऊपरी शरीर को पीछे की ओर झुकाने वाली मुद्रा

कृतज्ञता के साथ स्वीकृति आती है, यहाँ तक कि सराहना भी कि सब कुछ कितनी अच्छी तरह हो रहा है। संतुष्टि का अहसास हृदय और शरीर की सभी कोशिकाओं को पोषण देता है। कृतज्ञता नियामतों को हमारी दिशा में लाती है और नकारात्मकता को नष्ट करती है। यह एक संक्रामक कंपन है। लोग कृतज्ञ और प्रशंसक लोगों का समर्थन करना पसंद करते हैं। ऊपरी शरीर को पीछे की ओर झुकाने से हमारे अस्तित्व में प्रकाश आ जाता है। खड़ी मुद्रा में पीछे की ओर झुककर हम कृतज्ञता को अपनी ओर आमंत्रित करते हैं। सीना चौड़ा होकर खुलता है, जिससे हृदय संतुष्टि में विस्तार कर सकता है। सारा तनाव घुल जाता है और कृतज्ञता के लिए स्थान बन जाता है।

- पैर सटाकर खड़े हों और हाथों को सिर के ऊपर उठाएँ।
- अपनी हथेलियाँ मिला लें। ऊपर और पीछे की ओर देखें।
- पैरों को फर्श पर जमा लें और घुटने ऊपर उठाएँ।
- अपने हाथों को यथासंभव अधिकतम पीछे ले जाएँ।
- अपने सिर को हल्का सा पीछे झुकने दें और सीने से साँस लें।

□

11

अपना पुनर्निर्माण

सूर्य प्रकाश और ऊर्जा का सबसे महत्त्वपूर्ण और बड़ा स्रोत है। इसकी किरणें अँधेरे को दूर भगाकर चारों ओर रोशनी करती हैं। सूर्य के निकलने के साथ ही मनुष्य और पशु-पक्षी अपना काम शुरू करते हैं। मनुष्य पैदा होता है और मर जाता है; लेकिन अपने जीवन-काल में वह जो कुछ कर जाता है, उसके लिए लोग उसे उसके मरने के बाद भी याद करते हैं। जीवन सचमुच उसी का सफल है, जिसे लोग उसके मरने के बाद भी याद करें। आसमान में चमकता हुआ सूर्य दुनिया को रोशनी व खुशियाँ देता है। सूर्य हमारे रास्तों को रोशन करता है, ताकि हम अपनी बुद्धि का प्रयोग करते हुए अपने लिए रास्ता चुन सकें और उस पर आगे बढ़ सकें। जीवन का सर्वोत्तम दर्शन, अपने कर्तव्यों का पालन करना तथा दुनिया को उसके वास्तविक रूप में स्वीकार करना है।

हमें उन चीजों में विश्वास रखना चाहिए, जिन्हें हम देख नहीं पाते। क्या सूर्य जब चमक नहीं रहा होता है, उस समय उसका अस्तित्व ही नहीं होता? उस समय भी हमें उसके अस्तित्व को स्वीकार करना चाहिए। सूर्य तो कभी अस्त होता ही नहीं है, बस पृथ्वी की गति के साथ-साथ वह एक समय चक्र से समय चक्र में चला जाता है।

मैं अकेला हूँ, फिर भी मेरा प्रेम में विश्वास है। ईश्वर हमें दिखाई नहीं देता, वह बिल्कुल खामोश रहता है, फिर भी हम ईश्वर में विश्वास करते हैं।

हमारा विश्वास एक राडार की तरह है, जो धुंध और कुहरे के बीच भी वस्तुओं को देखता है। आज मैं जानता हूँ कि मैं समुद्र में उत्पन्न होने वाले ज्वार-भाटे को नहीं रोक सकता। मैं तो बस उसके प्रवाह के साथ ही चल सकता हूँ; और जब मैं सुनामी को नियंत्रित करने की कोशिश करूँ तो सफल नहीं हो सकूँगा; और असफल होने का मतलब है कि मैं नीचे हो जाऊँगा। लेकिन अगर मैं स्वयं को प्रवाह के साथ-साथ लेकर चलूँ तो शिखर पर पहुँच सकूँगा। मैं दुनिया के उन लाखों, करोड़ों, अरबों, खरबों लोगों में से हूँ, जो सफलता की आस लगाए बैठे रहते हैं। सफलता प्राप्त करने के लिए हमें अपनी इच्छाशक्ति को जगाना होगा, स्वयं को उकसाना होगा। अपने दैनिक जीवन में हमें ऐसी अनगिनत मुश्किलों और बाधाओं का सामना करना पड़ता है, जिनसे हमारा मनोबल गिर जाता है और हमारा मन हतोत्साहित हो जाता है। ऐसे में हमें अपने मन और मनोबल को उत्साहित करते रहने की जरूरत होती है। सफलता एक आदर्श बिंदु है, यह कोई मंजिल नहीं है; यानी इसका कोई चरम बिंदु नहीं है। सफलता एक यात्रा है, जो चलती ही रहती है। सफलता का अर्थ अलग-अलग व्यक्तियों और अलग-अलग परिस्थितियों में अलग-अलग हो सकता है।

कितने सारे ऐसे इंजीनियर हैं, जो डॉक्टर बनने का ख्वाब देखते होंगे? कितने ऐसे डॉक्टर हैं, जो इंजीनियर बनना चाहते होंगे? कितने ऐसे वैज्ञानिक हैं, जो कलाकार या संगीतकार बनना चाहते होंगे? तथा कितने सारे ऐसे कलाकार-संगीतकार होंगे, जो वैज्ञानिक बनना चाहते होंगे? ऐसे लाखों-लाख लोग होंगे, जो अपने कॅरियर से संतुष्ट नहीं होंगे; जिनकी योग्यता, क्षमता और रुचि उनके कॅरियर से मेल नहीं खाती होगी। इसका एक सबसे बड़ा नुकसान यह होता है कि व्यक्ति अपनी योग्यता, क्षमता और कुशलता का अधिकतम संभव उपयोग नहीं कर पाता तथा इस कारण वह वास्तविक खुशी से वंचित रह जाता है।

हर व्यक्ति सपना देखता है। भविष्य-दृष्टि की शक्ति, निर्णय की शक्ति, कर्म की इच्छाशक्ति से ही संकट में भी हर व्यक्ति कोई-न-कोई सपना देखता है। समस्या यह है, सपने देखने से सफलता नहीं मिलती। यहाँ यह जरूरी है, उसे हकीकत में कैसे बदला जाए। आज के परिवेश में आत्मचिंतन व आत्मसाध्य की परिनीति अनिवार्य हो गई है, परंतु यहाँ यह भी उतना ही सत्य है, जब

सपने देखने वाला कुछ चाहता है तो वह उसे हासिल करने के लिए उत्साह, आत्मविश्वास व आशा से मेहनत करता है और आखिर पा ही लेता है।

असफलताओं के बीच ही सफलता की गाथाएँ जन्म लेती हैं। अफरा-तफरी के बादलों के बीच से ही उम्मीद की किरण दिखाई देती है और समस्याओं से ही आश्वासन भी मिलते हैं। मेरा तो मानना है कि व्यक्ति को उसकी रुचि, योग्यता और क्षमता के अनुसार कार्य मिलना चाहिए—और वास्तविक खुशी प्राप्त करने का यही रास्ता भी है।

कल्पना कीजिए, जब आपको अपने मकसद को पहचानने, उसके अनुसार कार्य करने की प्रेरणा मात्र कुछ छोटी-छोटी प्रेरणादायक कहानियाँ पढ़कर मिल जाए! और आप अपने दैनिक जीवन की मुश्किलों तथा चुनौतियों से हैरान-परेशान होने की बजाय पहले से भी ज्यादा उत्साह और इच्छाशक्ति के साथ उसका सामना करने के लिए तैयार हो जाएँ। आप जो कुछ भी करें, वह आपके हृदय से किया गया हो। कार्य के प्रति समर्पण भाव रखने से ही सफलता आपके कदम चूमेगी।

बचपन में जब आइंस्टाइन ने पहली बार दिशासूचक को देखा तो वह यह देखकर हैरान हो गए कि उसकी सूई उनके हिलाने से अपनी दिशा बदल लिया करती थी। फिर तो उस सूई को देखते रहना उनका शौक बन गया और वे उस अदृश्य ताकत को समझने का प्रयत्न करते रहते, जो उस सूई को हिलाती थी। वह बल कहाँ स्थित है? उसे कौन नियंत्रित करता है? वह हमेशा काम क्यों करता है? वह किससे बना है? क्या ऐसे स्थान भी हैं, जहाँ उसका जोर नहीं चलता? दरअसल, पृथ्वी के उत्तर-दक्षिण ध्रुवों पर मौजूद छोटी सी चुंबक ही दिशासूचक की सूइयों को हिलाती है। लेकिन क्या बस इतना ही सच है इसके बारे में?

आपको स्वयं की योग्यता को पहचानने और उसके अनुसार अपना मकसद तैयार करके तथा उस पर सफलतापूर्वक कार्य करते हुए अपने जीवन की कायापलट करने के लिए उपयुक्त प्रेरणा चाहिए। प्रेरणा में वह शक्ति है, जो आपको दबाव और तनाव से मुक्त करते हुए सफलता की ओर अग्रसर कर सकती है। अधिकांश लोग सोचते हैं कि अध्ययन की कला एक जन्म-जात

गुण है, जो स्वाभाविक होता है; इसलिए जो पढ़ाई में अन्य लोगों से अच्छे होते हैं, उनके पास यह स्वाभाविक गुण होता है; जबकि वास्तव में ऐसा नहीं है, एक व्यवस्थित अध्ययन-योजना एवं जरूरी तकनीकें अपनाकर आप भी पढ़ाई में अच्छे बन सकते हैं तथा परीक्षा में अच्छे अंक प्राप्त कर सकते हैं।

सफलता के लिए मन, मस्तिष्क तथा व्यवहार में एकरूपता होनी चाहिए। आप आसानी से सफल हो सकते हैं। अपने आपको सम्मानजनक स्थिति पर ले जाएँ, आप पाएँगे, सभी आपको प्रोत्साहित कर रहे हैं; सम्मान करते हैं, जिससे आप स्वतः ही आगे सफल हो जाते हैं। हम में लोग वही देखते हैं, जो हम अपने आप में देखते हैं। उसी तरह का व्यवहार मिलता है, जिसके काबिल हम खुद को समझते हैं। आप क्या सोचते हैं, इससे तय होता है कि आप कैसा काम करते हैं। आप क्या करते हैं, इससे यह भी तय होता है, दूसरे आपके साथ कैसा व्यवहार करते हैं। अपने व्यक्तित्व पर ध्यान दें। आप जैसा दिखते हैं, वैसी ही छवि आपकी बनती है। अपनी अच्छी छवि बनाने के अपनी वर्तमान स्थिति से भिन्न, भीड़ से अलग और आगे निकलने के लिए छोटा परंतु महत्त्वपूर्ण काम सतत करना आपके व्यक्तित्व को उज्ज्वल करता है। विश्वास रखिए, आप भी उन सफल व्यक्तियों में से एक होंगे; प्रबल विश्वास ही वह शक्ति है, जो महान् पुस्तकों, नाटकों, वैज्ञानिक खोजों के पीछे होती है। जब आपको स्वयं पर ही विश्वास नहीं है तो भला दुनिया कैसे कर सकती है आप पर विश्वास। अपने मस्तिष्क को व्यापक बनाएँ, सफल व महान् व्यक्तियों के विचारों से प्रेरणा लें, उनकी तरह सोचें; वैसा ही अपने को बनाने का प्रास करे; अपनी प्रगति का समय-समय पर मूल्यांकन करें, अंततः आप पाएँगे, आपने उन्हें भी कुछ क्षेत्रों में पीछे छोड़ दिया।

मुर्गा और बाज

एक बार की बात है। एक पहाड़ की चोटी पर एक बाज का घोंसला था। तेज हवा चली, उस वजह से एक अंडा घोंसले से नीचे गिर गया। यह अंडा पहाड़ से लुढ़कता हुआ एक घाटी मे आ गिरा और अंत में एक मुर्गी के दड़बे में पहुँच गया। मुर्गी ने बाज के छोटे अंडे को देखा और कहा, ''यह मुर्गी का

अंडा कितना अजीब दिख रहा है, परंतु मैं इस पर बैठूँगी और इसे अपना छोटा मुर्गा बनाऊँगी!'' मुर्गी उस अंडे पर बैठी, तब तक कि बाज के बच्चे ने जन्म नहीं ले लिया। जब चूजा अंडा फोड़कर बाहर निकला, तो उसकी बड़ी चोच, बड़े पैर और बड़े पंख थे। माँ ने छोटे पक्षी को देखा और कहा, ''कैसा अजीब दिखने वाला चूजा है, परंतु तुम मेरे नन्हे मुर्गे बन सकते हो।'' और हालाँकि वह पक्षी बाज के जीन और क्रोमोजोम लेकर पैदा हुआ था, परंतु वह मुर्गियों, दड़बे में पैदा हुआ था।

इसलिए वह मुर्गे की तरह सोचता था। वह मुर्गे की तरह चलता और बोलता था। वह मुर्गे की तरह सपने देखता था। उस मुर्गे का सबसे बड़ा सपना यह था कि वह एक दिन दीवार के ऊपर तक पहुँच जाए, ताकि वह बड़े मुर्गे की तरह बाँग दे सके। इसने सोचा, अगर वह ऐसा कर सके, तो दूसरे पक्षी उस पर नहीं हँसेंगे और इस बात पर उसका मजाक नहीं उड़ाएँगे कि वह अलग दिखता है। परंतु हर बार जब वह सपना देखता था, तो खुद से कहता था, ''तुम कभी उस दीवार के ऊपर नहीं पहुँच सकते! सब हमेशा यही कहते हैं कि मुर्गियाँ नहीं उड़ सकतीं।'' इसलिए उसने कोशिश नहीं की। उसने बस हार मान ली और चल दिया।

एक दिन जब वह मुर्गियों के अहाते में बाहर खड़ा था, तो उसने ऊपर देखा और उसने अब तक का सबसे अद्भुत दृश्य देखा। उसने देखा कि एक बाज आसमान में शान से उड़ रहा था, आसमान के शहंशाह की तरह। छोटा पक्षी इतना आश्चर्यचकित हो गया कि वह अपनी पूरी शक्ति से चिल्लाया, ''तुम कौन हो? तुम कौन हो?'' विशाल बाज की सुनने और देखने कि शक्ति बहुत तीव्र थी, इसलिए उसने छोटे पक्षी को देखा और सीधे नीचे आ गया।

बाज बोला, ''मैं कौन हूँ? पहले यह बताओ, तुम कौन हों?'' छोटे पक्षी ने जवाब दिया, मैं एक मुर्गा हूँ। विशाल बाज ने छोटे पक्षी की आँखों में देखा और कहा, ''मेरे चेहरे की तरफ देखो, तुम बिल्कुल मेरी तरह दिखते हो? अपनी चोंच की तरफ देखो, तुम बिल्कुल मेरी तरह दिखते हो? अपने पंखों की तरफ देखो, तुम बिल्कुल मेरी तरह दिखते हो? मित्र, तुम मुर्गे नहीं हो, तुम तो बाज हो। अपने पंख फड़फड़ाओ और बाज की तरह उड़ो, क्योंकि तुम बाज

बनकर पैदा हुए हो। छोटे पक्षी ने अपने पंख फड़फड़ाएँ वह उड़ने लगा और बादलों के ऊपर उड़ चला! मित्रो, आप मुर्गे बनकर पैदा नहीं हुए हैं, आप बाज बनकर पैदा हुए हैं। बाज की तरह उड़ें, क्योंकि आपका जन्म बाज के रूप में हुआ है।

इसमें कोई रहस्य नहीं है, कोशिश का कोई विकल्प हो ही नहीं सकता। इसके बावजूद हम जीत के मार्ग पर बढ़ने से चूक जाते हैं। संसाधनों की कमी हमारी समस्याओं का कारण नहीं है। हमारी समस्याएँ दरअसल, उनके प्रति हमारे नजरिए की देन हैं। हमें अपने रास्ते बदलने ही होंगे।

- अपने विचारों को सीमित नहीं असीम बनाओ,
- अपनी इच्छाओं को क्षुद्र नहीं, विशाल बनाओ,
- अपनी कामनाओं को तुच्छ नहीं, महान् बनाओ,
- अपनी आकांक्षा को ऊँची बढ़ाओं और हीनभावना को पास मत आने दो।

उठो, जीवन को बदलकर रख दो।

सुझाव विशेषज्ञों से

जीवन की परीक्षा में प्रत्येक को अलग-अलग प्रश्न-पत्र दिए जाते हैं, अतः यदि आप किसी और की नकल करोगे तो फेल हो जाओगे। एक ही प्रश्न के विभिन्न उत्तर, लेकिन समान अंक प्रत्येक विद्यार्थी की भिन्न-भिन्न योग्यता को मूल्यांकित करती है।

समाधान योग से

आस्था : विपरीत दंडासन—उल्टी छड़ी की मुद्रा

आस्था के बिना जीवन जीना किसी पहाड़ी पर चढ़ने जैसा है, जहाँ ढलान का कोई नामोनिशान न हो। दूसरी ओर निरंतर आस्था के साथ जीवन जीना स्टयिरिंग-ह्वील पर बैठकर एक्सिलेटर दबाने जैसा है। इसके बाद अतार्किक नजर आनेवाली सृष्टि में रहस्यमय बुद्धिमानी नजर आती है। जब जीवन अन्यायपूर्ण नजर आता है, तब इसे सहन करने के लिए आस्था की जरूरत

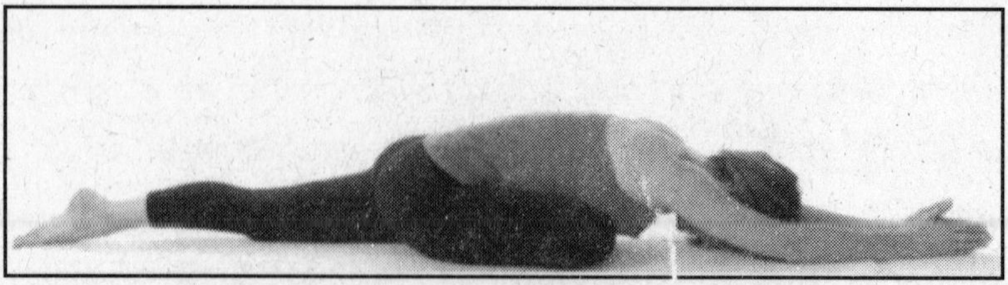

होती है। हम हृदय से जीने के लिए खुद को जितना अधिक तैयार करते हैं, आस्था उतनी ही अधिक आसान बन जाती है। जब हम अपने हृदय की परवाह करते हैं, तो यह अधिक वफादारी के साथ हमारी सेवा करता है। सीने को चौड़ा करने और हृदय को ऊर्जा देने के लिए विपरीत दंडासन करें। आस्था हृदय में एक नखलिस्तान है, जहाँ सोच के कारवाँ से कभी नहीं पहुँचा जा सकता।

- लेट जाएँ, अपनी पीठ जमीन पर टिकी रहने दें और घुटने मोड़ लें।
- साँस अंदर खींचते हुए दोनों हाथ ऊपर उठा लें। अपनी हथेलियाँ कंधों के नीचे रख लें।
- अपने ऊपरी शरीर को पीछे की ओर मुड़े रहने की मुद्रा में ऊपर उठाएँ।
- अपने हाथों की कोहनियों तक के हिस्से को जमीन पर रखें। सिर को फर्श पर नीचे रखें और इसी मुद्रा में विश्राम करें।

□

12

शिक्षक एक मार्गदर्शक

इतिहास बताता है कि अच्छी ताकतों ने मानव जीवन को बेहतर बनाने के लिए हमेशा कड़ा संघर्ष किया है। स्वयं से पार जाकर अपने भीतर को खोज पाने की अर्थात् अपने ही भीतर मौजूद स्वयं के उच्च धरातल को तलाश लेने की उम्मीद जगाने की सोच ली। हर व्यक्ति अपने जीवन-काल में अलग-अलग चरणों से गुजरता है। 'हम अपना आदर्श कहाँ से चुनें और आपको कोई आदर्श कैसे मिल सकता है?' हमें भले ही इस बात की जानकारी हो या नहीं, मगर यह सच्चाई है कि अपने बचपन से लेकर जीवन के अगले तमाम चरणों में हम अपने आदर्श बनाते रहते हैं। अभिभावक का इस बात के लिए राजी होना महत्त्वपूर्ण है कि वे अपने बच्चों को नेक इनसान बनाने की कोशिश करें—ज्ञानवान और परिश्रमी इनसान। अध्यापक को जो कि बच्चों के सीखने और ज्ञान की दुनिया का झरोखा होता है, उनमें रचनात्मकता का संस्कार डालने के लिए उनका आदर्श बनना होगा। यह त्रिकोण ही वह आदर्श बनाता है।

शिक्षक का अर्थ है 'सिखानेवाला'। सिखाना और सीखना एक ही क्रिया के दो पहलू हैं। सिखानेवाला वही तो होता है, जो सीखकर पारंगत हो चुका हो। अत: उसका स्थान बड़ा हुआ। बड़ा ही 'गुरु' कहलाता है। छात्र उन्हें उस हैरानी के साथ देखते थे, जैसे कोई गुरु को देखता है, जब वे चलते हैं तो लगता है, जैसे ज्ञान का प्रकाश उनके चारों ओर आभामंडल सा फैला है। महात्मा कबीर तो गुरु को भगवान् से भी पहले प्रणाम करते हैं। गुरु को अमृत की खान

बताया गया है। संस्कृत ग्रंथों में तो गुरु को ब्रह्मा, विष्णु और महेश के समकक्ष रखकर प्रणाम किया गया है।

समाज के निर्माण में शिक्षकों की महत्त्वपूर्ण भूमिका होती है। समाज के भावी नेता कहे जाने वाले विद्यार्थियों को सही दिशा में आगे ले जाने, उनका विकास सुनिश्चित करने की जिम्मेदारी शिक्षकों पर ही होती है। अध्यापक और विद्यार्थी का संबंध आपसी सहयोग का होता है; इसे पथिक और पथ-प्रदर्शक का संबंध कहा जा सकता है। शिक्षक अपने विद्यार्थियों के उज्ज्वल भविष्य के निर्माण में मदद करते हैं। दो मुख्य बातें हैं, जिन्हें एक शिक्षक अपने विद्यार्थियों को स्कूल में सिखाने पर जोर देता है—शिक्षा और मानवीय संबंध। आप एक बेहतर शिक्षक, बेहतर कोच और बेहतर पथ-प्रदर्शक बन सकते हैं। अच्छा शिक्षण वास्तव में मन का एक भाव है, जो आपके काम और आपके शब्दों में भी झलकना चाहिए।

विद्यार्थी को ऐसे शिक्षक की जरूरत होती है, जो उनकी प्रतिभा को निखारकर विद्यार्थी को स्वयं उससे अवगत करा सके। प्रत्येक विद्यार्थी को यह जानना जरूरी है कि उसे एक योग्य और बुद्धिमान शिक्षक क्या बना सकता है, उसका आभास कराते हैं तथा वो जो चाहता है, उसे बनाने का पूर्ण प्रयास करते हैं। उनकी निष्ठा ही उन्हें सम्मान दिलाएगी। यदि पूर्ण आस्था से पूर्ण परिश्रम करेंगे, अपने दायित्व को निभाएँगे तो कोई कारण नहीं है कि लोग सम्मान न करें। अपने विद्यार्थियों से भरपूर प्रेम करें, सदैव उनके हित में चिंतन करें। उनको योग्य बनाने के लिए, उनकी छिपी क्षमताओं का विकास करने के लिए सतत प्रयास करते रहें।

स्वाध्याय का अभिप्राय है स्वयं की संतुष्टि के लिए अध्ययन करना अर्थात् किसी अन्य के मार्गदर्शन के बिना स्वयं पढ़ना ही स्वाध्याय है। शिक्षक के लिए स्वाध्याय नितांत आवश्यक है। अपनी मानसिक, बौद्धिक भूख की तृप्ति के लिए जो सत्साहित्य पढ़ने की आदत है, आपको प्रकाशमान बनाती है। आप शिक्षक हैं तो अपने व्यवहार के प्रति सदा सजग रहिए। आपका व्यवहार आदर्श होना चाहिए। ऐसा सभी मानते हैं। मानते ही नहीं, चाहते हैं कि शिक्षक का व्यवहार आदर्श हो। विनम्रता शिक्षक का स्वाभाविक गुण माना जाता है।

उसने विद्या पढ़ी है, वह विद्या पढ़ाता है। विद्या तो विनम्रता देती ही है। उसका प्रथम प्रभाव अध्यापक पर ही पड़ना चाहिए। वही विनम्र नहीं होगा तो छात्रों पर उसका प्रभाव कभी नहीं हो सकता। विद्या विनम्रता नहीं देगी तो उसका उद्देश्य ही निष्फल हो जाएगा।

बातचीत के माध्यम से शिक्षक बालकों के चरित्र को उज्ज्वल बनाने के लिए बहुत कुछ कर सकता है। उनको बुरी आदतों के प्रभाव से बचा सकता है। बातचीत से बालक का भय भी दूर हो जाता है। जो शिक्षक बालक से खुलकर बातचीत करते हैं, बच्चे उनसे पढ़ाई संबंधी सभी समस्याओं पर चर्चा कर लेते हैं। जो बालक कक्षा में सबके साथ चल नहीं पाते, पिछड़ जाते हैं उनकी शिक्षा तभी संभव है, जब शिक्षक उनकी ओर विशेष ध्यान दें। शिक्षक जब यह जान ले कि अमुक बालक पिछड़े हुए हैं तो यह भी जानना आवश्यक है कि पिछड़ेपन के कारण क्या हैं।

अनेक बार घर का तनावपूर्ण वातावरण बालकों को मंद बुद्धि बना देता है। अनेक बार घर-पड़ोस में कुछ आमदनी के कुछ काम होते हैं। बच्चों को उन कार्यों से कुछ आय होने लगती है तो वे पढ़ने में ध्यान नहीं दे पाते। कभी-कभी घर की परिस्थिति ऐसी होती है कि बालक को आय के लिए कुछ काम करना आवश्यक हो जाता है तथा वह कक्षा में पिछड़ जाता है। कई बार तो स्वयं अध्यापक भी कुछ बच्चों के पिछड़ेपन का कारण होते हैं। प्राथमिक कक्षाओं या माध्यमिक कक्षाओं के कुछ अध्यापक ऐसे देखे गए हैं, जिनके पास हर सवाल का जवाब डंडा होता है। ऐसे अध्यापक से कोई कमजोर बालक न्याय की आशा कैसे कर सकता है।

'जब तक हम जीते हैं, तब तक हम सीखते हैं। सीखना जीवन का वास्तविक कार्य है। सभी लोग जीवन भर सीखते ही रहते हैं।' सीखने की कोई उम्र नहीं होती। 94 वर्ष की अवस्था में भी जॉर्ज बर्नार्ड शॉ ने एक नाटक लिखा था। मोजार्ट की उम्र उस समय मात्र 7 साल थी, जब उनकी पहली रचना प्रकाशित हुई। गोल्ड मीर 71 साल की थीं, जब वह इजराइल की प्रधानमंत्री बनी थीं। विलियम पिट द्वितीय मात्र 25 साल के थे, जब वह ब्रिटेन के प्रधानमंत्री बने थे। मात्र 16 वर्ष की उम्र में बैंजामिन फ्रैंकलिन एक समाचार-पत्र के स्तंभकार बने

थे; अमेरिका के संविधान की रचना करते समय उनकी उम्र 81 वर्ष थी।

एक आदर्श शिक्षक की योग्यता का विकास हो; एक आदर्श स्वयं-सेवक की योग्यता का विकास ही देश में एक आदर्श नागरिक की योग्यता का विकास कर सकता है। अल्बर्ट आइंस्टीन भौतिकी पढ़ाते थे। उनके एक अनुसंधान सहायक ने यह देखा कि वे अंतिम परीक्षा में एक प्रश्न साल-दर-साल पूछ रहे थे। वह इस नोबेल पुरस्कार विजेता के पास गया और कहा, "सर चूँकि आप एक ही प्रश्न हर साल पूछते हैं, आपको नहीं लगता कि इस प्रश्न का उत्तर देना विद्यार्थियों के लिए बहुत आसान होगा।" आइंस्टीन ने उत्तर दिया, "मेरे दोस्त, प्रश्न तो एक ही रहता है। लेकिन उत्तर हर साल बदल जाता है।" विज्ञान और प्रौद्योगिकी में सिद्धांत बदलते रहते हैं और हर वर्ष प्रश्न को हल करने की नई पद्धतियाँ मिल जाती हैं, नए आविष्कार और खोज अकसर पुराने को चुनौती देती हैं। इसलिए प्रश्न या समस्या तो वही रहती हैं, लेकिन उत्तर हर साल बदल जाता है।

मानवीय व्यवहार और हमारे दैनिक जीवन में इसका उल्टा ही सत्य है, प्रश्न और समस्याएँ तो साल-दर-साल बदलती रहती हैं, लेकिन उत्तर एक ही रहता है।

सुझाव विशेषज्ञों से

आपका समय आ गया है अपनी योग्यता दिखाने का, अपना सर्वश्रेष्ठ दो। हर व्यक्ति प्रथम नहीं आ सकता, लेकिन अभी जहाँ हैं, उससे बेहतर अवश्य बन सकते हैं। आप आज किसी चीज को कल से बेहतर करते हैं, तो आपके पास एक विजेता का दिल हमेशा हो सकता है। परीक्षा और परीक्षा परिणाम तात्क्षणिक है, लेकिन शिक्षा स्थिर है।

समाधान योग से

तनाव : परिवृत्त अंजनेयासन—मुड़े हुए वानर की मुद्रा

तनाव में इनसान चीख-चिल्ला सकता है, लेकिन तनाव का दैनिक नियंत्रण कहीं अधिक आसान है। जब आप तनावग्रस्त महसूस करते हैं, तो भावनाएँ

मस्तिष्क की स्पष्टता से सोचने की योग्यता को बादल की तरह ढक लेती हैं। अजीब बात यह है कि लोग तब तक तनाव को इकट्ठा करते रहते हैं, जब तक कि यह असहनीय न हो जाए। जब आप बहुत तनाव में हों, तो शांति की ओर लौटने का एक बेहतरीन तरीका है—परिवृत्त अंजनेयासन। इस आसन को करते वक्त जब रीढ़ मुड़ती है और मुक्त होता है, तो नई ऊर्जा बाहर निकलती है, जिससे तनाव खत्म होता है। अपने तनाव और अवरोधों को दूर करें।

- घुटनों के बल बैठें और हथेलियाँ फर्श पर रखें।
- दायाँ पैर मोड़ें, ताकि दायाँ घुटना दाएँ पैर के अँगूठे की ओर आ जाए।
- बाएँ पैर को पीछे तान लें और उसका घुटना फर्श पर टिका लें।
- बाईं कोहनी को दाईं जाँघ के बाहर रखें।
- दोनों हथेलियाँ जोड़ें और छत की ओर देखें।

□

13

अभिभावक की भूमिका

हर तरह की सुख-सुविधा से युक्त घर उपयुक्त माहौल के बिना ठीक वैसे ही है, जैसे कॉफी पाउडर के बिना कॉफी। घर के संपूर्ण वातावरण का बच्चे के सर्वांगीण विकास पर गहरा प्रभाव पड़ता है। घर का माहौल यदि स्वस्थ और खुशहाल है तो उसमें रहने वाले लोगों में एक नया जोश भरता रहता है; मन प्रसन्न रहता है; आपसी संबंध अच्छे बने रहते हैं। ऐसा परिवार, जिसमें सभी लोग एक साथ बैठते हैं, एक साथ खाते हैं, एक साथ बढ़ते हैं, एक साथ मिलकर काम करते हैं, वह आने वाले कल के लिए एक स्वस्थ और सुदृढ कार्यबल तैयार कर सकता है। घर के माहौल के अनुसार बच्चे के विकास की दिशा निर्धारित होती है। बच्चे के व्यक्तित्व-विकास में घर का अच्छा, स्वस्थ माहौल चार चाँद लगा सकता है। मानना होगा कि भारतीय परिवार तथा भारतीय माहौल में पला-बढ़ा एक बच्चा अपने व्यवहार और दृष्टिकोण में पश्चिमी माहौल में पले-बढ़े एक बच्चे से बहुत अलग होगा।

कहते हैं, माता ही प्रथम गुरु होती है। कौन नहीं मानेगा इस तथ्य को। यदि यह कहें कि माता-पिता दोनों ही प्रथम गुरु हैं तो शायद और भी उचित होगा। सचमुच माता-पिता बनना कठिन है, परंतु अच्छे माता-पिता की भूमिका निभाना सरल नहीं है। अच्छे से अभिप्राय है, ऐसे माता-पिता, जो बच्चों का सर्वांगीण विकास कर सकें, जो अपने बच्चों का उज्ज्वल भविष्य सुनिश्चित कर सकें, जो उनको अच्छे संस्कार दे सकें, जो उनके स्वास्थ्य और शिक्षा पर

ध्यान दे सकें, जो उनमें अच्छी आदतों का विकास कर उन्हें उत्तम नागरिक बना सकें तथा सही अर्थ में मानव बना सकें। सोचिए, क्या यह कार्य सरल है?

आजकल किसी के पास समय नहीं है। आप सभी व्यस्त हैं। सबके निजी कामकाज हैं। यदि विषय की गंभीरता आपकी समझ में आ जाए तो आप इसके लिए समय अवश्य निकाल लेंगे। फालतू समय किसी के पास नहीं होता, कभी नहीं होता। कोई अपने आवश्यक कार्यों के लिए समय नहीं निकाल पाता, परंतु सोता तो रोज है, खाता भी रोज है। वास्तव में कार्य की अनिवार्यता के अनुसार व्यक्ति अपनी प्राथमिकता स्वयं तय कर लेते हैं।

अपने बच्चों को स्वस्थ रखना कौन नहीं चाहता। परंतु क्या सभी के बच्चे स्वस्थ रह पाते हैं? वस्तुतः बच्चों को स्वस्थ रखने के लिए अपने आपको स्वस्थ रखना आवश्यक है। स्वयं को स्वस्थ रखने के लिए आवश्यक है कि हमारा आहार-विहार ठीक हो। सच बात तो यह है कि लोग बड़ी आयु तक पहुँचकर भी न तो अपनी बीमारियों का कारण समझ पाते हैं और न ही अपनी आदतों में सुधार कर पाते हैं। माता-पिता की या अन्य बड़ों की आदतों का प्रभाव अनजाने ही बच्चों पर पड़ता रहता है।

बच्चे के विकास में डर सदैव बाधक ही होगा। बच्चों को भूत-प्रेत और राक्षसों की कथाओं से डराने वाले माता-पिता बाद में उनके मन से डर कभी भी नहीं निकाल पाते। घर के किसी बड़े व्यक्ति या अध्यापक से भी बालक को भयभीत करना ठीक नहीं। जिससे बच्चे डराए जाते हैं, उसके प्रति उनके मन में घृणा पैदा होती है। कई माता-पिता बच्चों को अध्यापक से बहुत अधिक डरा देते हैं। भाग्य से कहीं अध्यापक भी पीटने वाला मिल जाए तो बच्चा पढ़ाई छोड़ देगा, इसमें संदेह नहीं। माता-पिता बच्चों के मन में यह भावना भरें कि अपने से बड़ों का सम्मान करना अच्छी बात है। जिनके घर से बच्चों को यह शिक्षा मिती है कि अध्यापक की आज्ञा का पालन अवश्य करना चाहिए, उनका सम्मान किया जाना चाहिए, जो अध्यापकों का सम्मान करते हैं, वे ही जीवन में महान् बनते हैं।

सर्वप्रथम तो अपने बच्चों में गुरुओं के प्रति श्रद्धा उत्पन्न करें। कहा गया है—'श्रद्धावान् लभते ज्ञानम्' अर्थात् ज्ञान वही प्राप्त करता है, जो ज्ञान देने वाले

के प्रति श्रद्धा का भाव रखता है। यदि बच्चों में गुरुओं के प्रति श्रद्धा का भाव हो जाएगा तो वे गुरुओं से बिना सिखाए भी बहुत कुछ सीख लेते हैं। उनके बोलने से, उनके चलने से, खाने-पहनने से विद्यार्थी अनजाने ही कुछ-न-कुछ सीखते रहते हैं।

माता-पिता को तो चाहिए कि वे बच्चों के सामने भूल से भी उनके अध्यापक की निंदा न करें। यदि अध्यापक की त्रुटि कभी आपको भी बहुत खले तो आप अवश्य जाकर उनसे मिलिए, परंतु बच्चे को साथ लेकर नहीं, अकेले में। अलग से मिलने पर भी उनकी पूरी बात सुनने और समझने का प्रयास कीजिए। संभवतः आपकी शिकायत ही दूर हो जाए। फिर भी गिला रहे तो अपनी बात अवश्य कह दीजिए; परंतु धमकी भरे स्वर में नहीं, विनम्रतापूर्वक कहिए। आप अधिक बड़े अफसर हो सकते हैं, किंतु अध्यापक गुरु है।

जब हम एक घर बनाते हैं तो प्रतिदिन जाकर बड़े लगन और आत्मीयता से घर की नींव कितनी गहरी खोदी गई है और उस नींव में डाले गए लोहा, गिट्टी, रेती आदि की गुणवत्ता को बारीकी से देखते हैं, ताकि घर की नींव मजबूत हो। इसी प्रकार जब तक पूरा घर नहीं बन जाता, प्रतिदिन उस बनते हुए घर की देख-रेख करते हैं। इसी प्रकार परिजन अपने बालक या बालिका की पढ़ाई-लिखाई के लिए प्रारंभ से ही ध्यान दें तो आगे की पढ़ाई में उस छात्र को सफलता प्राप्त करने में आसानी होगी। उदाहरण के लिए, अमेरिका की एक लंबी टावर की ऊँचाई जो कि 198 मीटर है, उसका कुल वजन 10864 टन का है, जिसका 6084 टन जमीन के अंदर नींव में डाला गया अर्थात् सिर्फ चालीस प्रतिशत वजन ही जमीन के ऊपर है। कहने का तात्पर्य यह है कि प्रारंभ में बालक या बालिका पर ध्यान देना अधिक जरूरी है। इसके अलावा माता-पिता को चाहिए कि छात्र को पढ़ने के लिए सहायता करें, न कि उसे बार-बार प्रताड़ित करें। सही समय पर सही कदम उठाना या सचेत करना ही उचित होगा, अन्यथा उसका असर उस छात्र पर नहीं होगा या नकारात्मक होगा।

वैसे, देखने में आया है कि माता-पिता के स्नेह का प्रभाव सब बच्चों पर एक जैसा नहीं पड़ता। एक ही तरह की परिस्थितियों में पला-बढ़ा एक बच्चा आक्रामक प्रवृत्ति का हो सकता है, जबकि उन्हीं परिस्थितियों में पला-बढ़ा दूसरा

बच्चा दब्बू प्रवृत्ति का हो सकता है। माता-पिता यदि बच्चे को जरूरत से ज्यादा प्यार देते हैं तो अकसर वह अपने माता-पिता पर जरूरत से ज्यादा निर्भर और उग्रवादी प्रवृत्ति का हो जाता है। यदि बच्चे को जरूरत से ज्यादा आजादी दी जाती है तो वह इस आजादी का सम्मान नहीं कर पाता है और अंततः नियंत्रण से बाहर हो जाता है। इसी तरह बच्चे पर जरूरत से ज्यादा दबाव और नियंत्रण भी उसके व्यक्तित्व-विकास को बाधित करता है। ऐसे बच्चे अकसर हीन-भावना के शिकार होने लगते हैं और कभी-कभी तो अपराध की ओर भी प्रवृत्त हो जाते हैं। कभी-कभी माता-पिता अपने बच्चों के साथ व्यवहार में भेदभाव करते हैं; किसी एक बच्चे के प्रति तो उनका स्नेह असीमित होता है, जबकि दूसरे बच्चे को वे बराबर डाँटते-फटकारते रहते हैं। ऐसे में जब बच्चा देखता है कि उसके माता-पिता उसके भाई-बहन से ज्यादा प्यार करते हैं और उसे हरदम डाँटते-डपटते रहते हैं तो वह इस अन्याय का बदला लेने के लिए तैयार होकर खड़ा हो जाता है। वह अपने दूसरे भाई-बहनों को हानि पहुँचाने की भी कोशिश करता है। उसकी इस प्रवृत्ति के पीछे कारण होता है—निराशा और असुरक्षा की भावना।

उपयुक्त उम्मीदें रखें

अपनी महत्त्वाकांक्षाएँ अपने बच्चों पर न थोपें। यदि आप अपने बच्चे को वास्तव में सफल देखना चाहते हैं तो उसके भीतर प्रेरणा की शक्ति भरिए। आप चाहते हैं कि आपका बच्चा उच्च योग्यता, हाई-फाई कॅरियर और इसी तरह हाई-फाई स्टेट्सवाला बने; लेकिन इसके साथ ही आप यह भी चाहते हैं कि वह अपने जीवन से खुश, संतुष्ट और खुशहाल हो। यदि यह सबकुछ आप देखना चाहते हैं तो धैर्य रखिए। अगर आपकी उम्मीदें या आपकी महत्त्वाकांक्षाएँ बहुत ज्यादा ऊँची हैं तो वे एकाएक पूरी नहीं हो सकतीं; उन ऊँची उम्मीदों या महत्त्वाकांक्षाओं तक पहुँचने का रास्ता तैयार कीजिए, जिस पर चलकर बच्चा आपकी उम्मीदों को पूरा कर सके। बच्चे पर असमय और जरूरत से ज्यादा दबाव बनाना अच्छा नहीं है। इससे वह तनाव और कुंठा महसूस करने लगेगा। आपकी ओर से बच्चे को तनाव या कुंठा नहीं, बल्कि प्रेरणा और प्रोत्साहन मिलना चाहिए।

माता-पिता की ऊँची-ऊँची उम्मीदों के दबाव में आकर कभी-कभी बच्चा अपने आप पर भी अविश्वास करना शुरू कर देता है। परीक्षा में या किसी अन्य कार्य में अच्छा प्रदर्शन न कर पाने की स्थिति में वह उदास और हताश हो जाता है, जिसका उसके आत्मविश्वास और मनोबल पर विपरीत प्रभाव पड़ता है। याद रहे, आपके बच्चे का स्वयं का भी अपना मन-मस्तिष्क, सोच तथा इच्छाएँ हैं। उसके अपने भी सपने हैं। यदि आपने उसके ऊपर अपने सपने भी जबरदस्ती लादने की कोशिश की तो वह चलने से भी लाचार हो सकता है।

गलतियों को असफलता के रूप में न देखें

सच्चे अर्थों में देखा जाए तो दुनिया में असफलता जैसी कोई बात ही नहीं है। अतः किसी गलती को असफलता के रूप में देखना बिल्कुल भी उचित नहीं है। दुनिया में कोई ऐसा बच्चा है, जो बिना गिरे ही चलना सीख गया हो? दुनिया में कोई ऐसा महान् व्यक्ति हुआ है, जिससे कभी गलती न हुई हो? दुनिया में कोई ऐसा वैज्ञानिक हुआ है, जिसमें सारे प्रयोग सफल ही रहे हों? शायद आपका उत्तर होगा 'नहीं', तो एक गलती का असफलता मान लेना या उस पर तूफान खड़ा कर देना कहाँ तक उचित है। बच्चे की किसी गलती पर नकारात्मक प्रतिक्रिया से बचना ही चाहिए; उसे अपनी गलती में सुधार करके फिर से नए जोश के साथ प्रयास करने के लिए उत्साहित करना चाहिए। हम यह क्यों भूल जाते हैं कि गलतियों से ही नई-नई खोजें होती हैं और यही गलतियाँ अंततः सफलता का मार्ग प्रशस्त करती हैं। इसलिए याद रखें, बच्चे की गलती के लिए उसे कभी सजा न दें; इससे आप स्वयं भी कुछ हासिल नहीं कर सकते और अपने बच्चे को भी निराशा, हताशा तथा तनाव के सिवाय कुछ नहीं दे सकते।

अनावश्यक हस्तक्षेप से बचें

बच्चे की सीखने-पढ़ने की प्रक्रिया में जरूरत से ज्यादा हस्तक्षेप भी ठीक नहीं है। कभी-कभी ऐसा भी हो सकता है कि बच्चा कुछ सीखने के लिए जो तरीका अपनाता है, वह आपको आपत्तिजनक लगे; लेकिन इस अवस्था में

उसके कार्य में हस्तक्षेप करके आप उसकी स्वतंत्रता की भावना को ही ठेस पहुँचाते हैं। इसका परिणाम यह होगा कि बच्चे का मानसिक विकास सुचारू रूप से नहीं हो सकेगा। बच्चे को अपनी स्वयं की गलतियों से सीख लेने और उसमें सुधार करके आगे बढ़ने का अवसर तथा वातावरण दोनों दीजिए। ऐसा करके आप उसकी प्रतिभा को और अधिक निखार सकते हैं। आपके मुँह से निकला प्रशंसा का एक शब्द भी बच्चे को हौसला बुलंद कर सकता है। उसे बड़ी-से-बड़ी मुश्किलों का सामना करने की शक्ति दे सकता है।

दुनिया के सात अजूबों के बारे में सोचिए—मिस्त्र के पिरामिड, बेबीलोन का झूलता बगीचा, चीन की महान् दीवार, आगरा का ताजमहल, रोम में बना समाधि-स्थल, पीसा की झुकी हुई मीनार, रोड्स—इनके निर्माण के पीछे कौन सी प्रेरणा-शक्ति थी? स्वयं सोचिए—मस्तिष्क की न! आपके बच्चों के पास भी यह ईश्वर-प्रदत्त उपहार है, जिसमें अनगिनत संभाव्यताएँ भरी पड़ी हैं। आपको बस इन संभाव्यताओं को पहचानकर इन्हें वास्तविकता में बदलने के लिए कोशिश करनी है। अगर आप ऐसा कर सके तो सच मानिए, आप अपने बच्चे को दुनिया के महान् लोगों की श्रेणी में खड़ा कर सकते हैं।

अगर आप स्वयं यह विश्वास करते हैं कि आप अपने बच्चे की प्रतिभा को निखार सकते हैं, उसे सही दिशा दे सकते हैं, तभी आप ऐसा कर सकेंगे। अपने बच्चे में अपना विश्वास व्यक्त करके ही आप उसके आत्मविश्वास को बढ़ा सकते हैं तथा इस प्रकार आप उसे अच्छे-से-अच्छे परिणाम की दिशा में अग्रसर कर सकते हैं।

कब सहायता करें

दो मित्र आपस में बातें कर रहे थे। उनमें से एक व्यक्ति का पुत्र चालीस फीट ताड़ के पेड़ से फल तोड़ रहा था। जब वह फल तोड़कर पेड़ से नीचे उतर रहा था, उस व्यक्ति के मित्र ने कहा कि अपने पुत्र से कहो कि वह सावधानीपूर्वक नीचे उतरे। उस व्यक्ति पर कोई असर नहीं हुआ, न ही उसने अपने पुत्र से कुछ कहा, पुन: जब वह युवा 30 फीट तक पहुँचा, तब भी उसके मित्र ने कहा कि अपने पुत्र को सावधान करें, इस पर भी उस व्यक्ति पर कोई असर नहीं हुआ।

वह अपनी बातों में मशगूल रहा। 20 फीट व 10 फीट आने के बाद भी उस व्यक्ति ने अपने पुत्र को सावधानी बरतने के लिए कोई हिदायत नहीं दी, परंतु जब उस व्यक्ति का युवा लड़का 5 फीट ऊपर था, उस व्यक्ति ने अपने युवा पुत्र को सावधान किया कि सावधानी से उतरे। इस पर उस मित्र को बड़ा आश्चर्य हुआ कि जब उसका पुत्र चालीस फीट ऊँचाई पर था तो उसके पिता द्वारा कोई सावधानी की बात नहीं की गई और वह दूसरी बातें करता रहा, परंतु जब वह युवा पुत्र पाँच फीट की दूरी पर था, उसे सावधान करना समझ में नहीं आया। इस बात को उसने अपने मित्र से पूछा कि ऐसा उसने क्यों किया? तब उस युवा के पिता ने बताया कि जब वह चालीस फीट और दस फीट ऊँचाई पर था, उस समय वह खुद सावधान रहेगा, क्योंकि उसकी थोड़ी सी असावधानी से उसकी हड्डी व पसली टूटने का डर है, परंतु जब वह अपनी ऊँचाई के बराबर जमीन से पाँच फीट में था, ऊँचाई कम होने की वजह से वह बेफिक्र हो जाता, यही वक्त उसे सावधान करने का था और मैंने उसे सावधान किया।

इस उदाहरण से स्पष्ट हो जाता है कि माता-पिता को कब अपने बच्चे को सावधान करना चाहिए? उपयुक्त प्रेरणा बच्चे को अपने प्रयास में लगे रहने में मदद करती है। प्रेरणा और अपना लक्ष्य प्राप्त करने की ललक ही बच्चे का लंबे समय तक पढ़ते रहने तथा अपने प्रयास में लगातार लगे रहने के लिए प्रोत्साहित करती है। एक बच्चा, जो साइकिल चलाना सीखना चाहता है, वह पूरी सावधानी एवं एकाग्रता के साथ साइकिल चलाना सीखने की कोशिश में लगा करता है। इस दौरान वह कई बार गिरता है, चोट खाता है, लेकिन अपनी कोशिश जारी रखता है। किसी-न-किसी तरह से वह अपने उद्देश्य में सफल होना चाहता है और जब तक वह इसमें सफल नहीं हो जाता, यानी साइकिल चलाना सीख नहीं जाता, तब तक वह बेचैन रहता है, जो उसके हाव-भाव एवं व्यवहार में साफ देखा जा सकता है। कभी-कभी तो वह इतना बेचैन हो जाता है कि सपने में भी अपने आपको साइकिल चलाता हुआ देखता है। बाद में जब वह साइकिल चलाना सीख जाता है तो उसकी खुशी का ठिकाना नहीं रहता, क्योंकि उसका मकसद पूरा हो चुका होता है।

बच्चे के मन में पहले से कहीं-न-कहीं यह बात होती है कि उसके

माता-पिता और अध्यापक उसकी सीखने की प्रक्रिया में सहायक हो सकते हैं। इसीलिए अपने सवालों का उत्तर जानने के लिए वह आपके पास आता है। प्रशंसा के शब्द बच्चे के कानों के लिए संगीत का काम करते हैं; अच्छे काम के लिए आप बच्चे को पुरस्कृत भी कर सकते हैं। उसकी कल्पना और उसकी सोच के पंखों में आप प्रेरणा की शक्ति भर सकते हैं, जिससे उसकी उड़ान और भी ऊँची हो सकती है। प्रेरित कल्पना रचनात्मकता के लिए ऑक्सीजन का काम करती है, उसमें जान डालती है।

सावधान

बहुत प्रचलित कहानी है, बचपन में छोटी-छोटी चोरियाँ करते समय माँ-बाप द्वारा जान-बूझकर कुछ न बोलने पर लड़का बड़ा होकर बहुत बड़ा चोर बन जाता है। जब जज द्वारा सजा सुनाई जाती है तो वह चोर जज साहब से विनती करता है, जिस तरह मुझे सजा मिल रही है, ठीक उसी तरह मेरे माँ-बाप को भी मिले, क्योंकि बचपन में चोरी करने पर कुछ न कहकर उन्होंने प्रोत्साहित किया। इस कारण मैं इस स्थिति में आया हूँ। अतः मेरे माँ-बाप भी सजा पाने के हकदार हैं। इस कहानी से स्पष्ट होता है कि माँ-बाप की छोटी सी लापरवाही से अबोध बालक का भविष्य बदल जाता है। अतः माँ-बाप का कर्तव्य है कि बच्चे की छोटी-छोटी गलतियों को भी नजर-अंदाज न करें। उन बच्चों को बताएँ, कौन सी बातें अच्छी हैं और कौन सी खराब।

ध्यान दें : आत्महत्या कोई ऐसा निर्णय नहीं, जो रातोरात लिया जाता है

आपको ऐसी खबर सुनने-पढ़ने को तो मिलती ही होगी, जिसमें लड़का या लड़की अपनी परीक्षा के दौरान या परीक्षा के बाद परिणाम आने पर आत्महत्या कर लेता है; इसके लिए आप स्वयं उससे ज्यादा जिम्मेदार हो सकते हैं, जिसे लेकर आप ऊँचे-ऊँचे ख्वाब देखते हैं। इस प्रकार की घटनाओं के पीछे परीक्षा या परिणाम की चिंता ही नहीं, बल्कि परिवार और दोस्तों के साथ संबंध भी एक कारण हो सकता है। माता-पिता को अपने ऊँचे-ऊँचे ख्वाबों को सच करने के लिए बच्चे पर जरूरत से ज्यादा दबाव नहीं बनाना चाहिए, जिसके

चलते बच्चा मनोरोगी ही बन जाए।

परीक्षा का परिणाम ही जीवन का आखिरी लक्ष्य नहीं है; लेकिन आज के विद्यार्थी यह सच्चाई स्वीकार करने के लिए तैयार नहीं हैं। प्रत्येक शैक्षिक वर्ष के आरंभ में ही विद्यार्थियों, खासकर दसवीं और बारहवीं कक्षा के छात्रों को याद दिलाई जाती है कि उनका भविष्य परीक्षा में उनके द्वारा प्राप्त किए जाने वाले अंकों पर निर्भर है। उनसे ऊँची-ऊँची उम्मीदें की जाने लगती हैं; और जैसे-जैसे उम्मीदों की ऊँचाई बढ़ती जाती है, वैसे-वैसे विद्यार्थियों की चिंता और तनाव का स्तर भी बढ़ता जाता है। कुछ विद्यार्थी तो इस दबाव को झेल लेते हैं, लेकिन कुछ अन्य इसके तले दब ही जाते हैं। विशेषज्ञों का मानना है कि प्रतियोगितात्मक दृष्टिकोण से बोर्ड की परीक्षा में भाग लेने वाले कुल विद्यार्थियों में लगभग 75 प्रतिशत विद्यार्थी कुंठा और तनाव का शिकार होते हैं। ऐसे में अकसर वे माता-पिता और अध्यापक की उम्मीदों का दबाव झेल पाने में असमर्थ हो जाते हैं और परीक्षा में फेल होने का डर उन्हें आत्महत्या की ओर ढकेलने लगता है।

विशेषज्ञों के अनुसार एशियाई माता-पिता स्वयं अपने बच्चों के सबसे बड़ें दुश्मन होते हैं, क्योंकि वे अपने बच्चों को अपनी उम्मीदों के बंधन में बाँधकर उनसे ऊँची उड़ान की उम्मीद रखते हैं। बिगड़ती हुई स्थिति के जिम्मेदार वे स्वयं होते हैं। उन्हें अपने बच्चों की योग्यता, क्षमता और उनके बौद्धिक स्तर के प्रति व्यावहारिक सोच-समझ रखनी चाहिए तथा उसके अनुसार ही अपनी उम्मीदें बनानी चाहिए।

'हर किसी के पास एक जैसी योग्यता और सामर्थ्य नहीं होती; इससे पहले कि बहुत देर हो जाए, यह सच्चाई हमें समझ लेनी चाहिए।'

आपने अकसर लोगों को कहते सुना होगा कि हम करना तो बहुत कुछ चाहते हैं लेकिन समय की कमी रुकावट पैदा कर रही है, लेकिन ऐसा कहते हुए वे लोग शायद यह भूल जाते हैं कि सभी के पास समान रूप से दिन में चैबीस घंटे ही होते हैं। किसी के पास ज्यादा या कम नहीं होते। फिर कैसे कोई समय की कमी को बहाना बना सकता है। फर्क बस इतना होता है कि कोई इन चैबीस घंटों का अधिकतम उपयोग करता है और कोई समय की कमी का रोना रोता है।

ऐसा नहीं है कि दिन के चैबीस घंटों को कम समझने वाले लोग मेहनत करने से घबराते हैं लेकिन उन्हें यह भी समझना होगा कि अकेले मेहनत के बलबूते सफलता पाना बहुत कठिन है। समय का सही प्रबंधन और व्यक्तिगत अनुशासन सफलता की राह को बहुत आसान कर सकते हैं।

समय को उचित रूप में प्रबंधित कर हम अपनी कार्यक्षमता को तो बड़ा ही सकते हैं साथ ही अन्य महत्त्वपूर्ण काम जो वक्त की कमी के कारण हमसे छूट जाते हैं वे भी आसानी से पूरे किए जा सकते हैं। टाइम मैनेजमेंट आपको सफलता दिलवा सकता है वहीं अगर आप समय बर्बाद करते हैं तो यह आपको तनाव में डालने के साथ-साथ लक्ष्य से आपके ध्यान को भी भटका सकता है। एक दिन पहले ही यह विचार कर लीजिए कि कल आपको कौन-कौन से महत्त्वपूर्ण काम करने हैं और इनमें अधिकतम समय कितना लगाना है। ताकि आप अन्य कार्यों को भी सहजता से पूरा कर सकें। इससे सबसे बघ फायदा यह होगा कि आपको अपनी प्राथमिकताएँ भी स्पष्ट हो जाएँगी और साथ ही आप निर्धारित समय में काम को पूरा करना भी सीख जाएँगे।

डायरी लिखें

एक डायरी बनाएँ। उसमें यह लिखें कि आप अपना दिन कैसे बिताते हैं। इससे आपको पता चलेगा कि आपने अपना कितना समय गैर जरूरी कामों में दिया। जब आप अकेले में खुद का आकलन करेंगे तो निश्चित तौर पर आप अपनी कमियों को पहचान सकते हैं। ध्यान रखें कि समय से बड़ा धन इस दुनियाँ में कुछ नहीं है जिसका व्यय आपको पूरी समझदारी और परिपक्वता के साथ करना चाहिए।

अमीर हो या गरीब, किशोर हो या बूढा, बच्चे हो या जवान, प्रत्येक को 24 घंटे का समय मिला है। यह आपके ऊपर निर्भर करता है कि आप उन 24 घंटो का उपयोग किस तरह से करते हैं। आप अमीर बनना चाहते हैं या जीवन में सफल होना चाहते हैं तो समय की कीमत को समझें। उसे बेकार न जाने दें। समय के हर पल का उपयोग बुद्धिमत्ता से करें।

शेक्सपियर के अनुसार, आज का अवसर घूमकर खो दो, कल भी वही

बात होगी और फिर अधिक सुस्ती आएगी।

चाल्सडार्विन के मुताबिक जो व्यक्ति एक घंटा समय बर्बाद करने की जुर्रत करता है, वह जीवन के मूल्य को नहीं समझ पाया।

फ्रेंकलिन के अनुसार समय को नष्ट मत करो, क्योंकि यहीं जीवन का निर्माण अवयव है। अंग्रेजी में एक कहावत है- समय और ज्वार किसी की प्रतीक्षा नहीं करते हैं।

तड़प

एक बार महान दार्शनिक सुकरात के पास एक व्यक्ति आया और उनसे जीवन में सफलता का रहस्य पूछा। सुकरात उस व्यक्ति को अगले दिन नदी के बीच ले गए। जब नदी का जलस्तर उस व्यक्ति की नाक तक आ पहुँचा तथा उसे सांस लेने में कठिनाई महसूस होने लगी तो वह सांस लेने के लिए छटपटाने लगा, किंतु सुकरात तब भी उसकी गर्दन पानी के अंदर डुबोते रहे, अंत में जब उन्हें लगा कि सांस नहीं लेने के कारण उस व्यक्ति की जान जा सकती है तो उन्होंने उसे नदी से बाहर निकाला। सुकरात ने उस व्यक्ति को कहा कि जब वह नदी में साँस लेने के लिए जिस तरीके से तड़प रहा था वैसी ही तड़प हमें अपने जीवन में सफलता पाने के लिए होनी चाहिए। सुकरात का सफलता पाने का यह दर्शन बड़ा अहम तथा व्यावहारिक है जो अप्रत्यक्ष रूप से टाइम मैनेजमेंट के तरीके को भी बता जाता है।

समय की बरबादी

वस्तुतः यदि हम अपने सपनों को पूरा करने के प्रति हमेशा समर्पित तथा लगनशील रहें तो कोई शक नहीं है कि हम अपने जीवन तथा समय दोनों का बड़े चामत्कारिक रूप से सदुपयोग कर सकते हैं। प्रसिद्ध हिंदी साहित्यकार प्रेमचंद ने एक बार कहा था कि हमने समय को बर्बाद किया और अब समय मुझे बर्बाद कर रहा है। अर्थात समय की बरबादी जीवन की बरबादी सरीखी है। सफलता के लिए महत्त्वाकांक्षी व्यक्तियों को सबसे पहले अपने कार्य को उचित समय पर करने की आदत का विकास करना चाहिए।

समय का बेहतरीन उपयोग

नवीनतम अनुसंधानों से स्पष्ट होता है कि मस्तिष्क के बाएँ भाग में विश्लेषणात्मक बुद्धि होती है, जबकि दाएँ भाग में कल्पना-शक्ति, जो समय के नियोजन में आवश्यक भूमिका निभाती है। मस्तिष्क के दोनों भागों से संबंधित संज्ञान-बोध के समय का बेहतरीन सदुपयोग किया जा सकता है। इस आधुनिक वैज्ञानिक खोज में उपनिषद् के मंत्रसूत्र ही झलकते दिखाई देते हैं। इन मंत्रसूत्रों में कहा गया है कि दृढ इच्छाशक्ति और प्रबल संकल्प-बल से समयचक्र को बलात इच्छानुकूल मोड़ा जा सकता है।

आजकल समय की महत्ता और प्रबंधन कुछ अधिक ही बढ़ गया है। ऐसा इसलिए, क्योंकि कार्पोरेट जगत् अर्थतंत्र में कम समय में अधिक उत्पादकता पर जोर दे रहा है। यही बुद्धिमत्ता है। अध्यात्म-जगत् में भी समय के महत्त्व को स्वीकारा गया है। समय का परिस्थिति के अनुरूप उचित और सार्थक ढंग से उपयोग करना समय-प्रबंधन कहलाता है। काल का नियम ही है—अनवरत-निरंतर बहना। इस सच्चाई को समझा जाए कि हम भी इस धारा में बह रहे हैं, इसलिए हम अपने समय, दिन, महीने और वर्षों का सदुपयोग करना सीख जाएँ। ऐसी कार्य योजना बनाई जाए, जिसमें प्रत्येक वर्ष के साथ प्रत्येक दिन और हर पल के उद्देश्यपूर्ण उपयोग का सुअवसर प्राप्त हो। ध्यान रहे, कार्य योजना एकांगी न हो, बहुआयामी हो। इसमें हमारे चिंतन, चरित्र और व्यवहार से लेकर परिवार, समाज के नियम-विधान को संपूर्ण रूप से समय के सामंजस्य के साथ प्रतिपादित किया जाए।

अच्छी समझ

लोग आते हैं और लोग जाते हैं, पर समय सदा बिना किसी के लिए रुके चलता ही रहता है। समय को हम कभी पकड़ नहीं पाते हैं, जितना पीछे पड़ते हैं, उतना ही वह आगे निकल जाता है। बड़ी विचित्र बात है कि हम समय का महत्त्व जानते हुए भी उसे व्यर्थ जाया करते हैं। इसका मूल कारण है 'टाइम मैनेजमेंट' में हमारी असमर्थता। हम यह भूल जाते हैं कि जीवन प्रबंधन के लिए समय का प्रबंधन करना अति आवश्यक है, वरना अस्त-व्यस्तता हमारे जीवन

पर हावी हो जाती है। अच्छा टाइम मैनेजमेंट अच्छी समझ पर निर्भर होता है। जब तक हम इस संसाधन को ठीक से समझ नहीं पाएंगे, तब तक हम इसका सही इस्तेमाल नहीं कर पाएँगे।

जैसा कि पहले भी बताया गया है कि समय हम सभी के पास बराबर मात्रा में है। इस मामले में कोई गरीब या अमीर नहीं है। पर इस प्राप्त समय का कौन, कितना और कैसा सदुपयोग करता है, उसका आधार तो हर व्यक्ति की अपनी सूझबूझ और समझ पर है।

यह खोजें कि हमारा समय बरबाद किन कामों में होता है। नियोजन की कमी, काम दूसरों को न सौंप पाना, तरह-तरह की बाधा, ईर्ष्या, घृणा, क्रोध, जैसी कई निजी समस्याएँ हमारा बहुत सा समय बेवजह ले लेती हैं। इन सबसे बचने के लिए कबीर का फॉर्मूला हमारे काम का है—काल करे सो आज कर।

सफलता का मूल मंत्र

एक भिक्षुक ने किसी द्वार के समक्ष भिक्षा के लिए पुकार लगाई। घर में महिला कार्य कर रही थी, उसने कह दिया अभी लाती हूँ। भिक्षुक खड़ा रहा। लगभग पंद्रह मिनट तक वह धैर्यपूर्वक खड़ा रहा, तत्पश्चात् उसे भिक्षा मिली। यदि वह भिक्षुक अपने धैर्य का परिचय नहीं देता और अधीर होकर वहाँ से चला जाता तो उस घर से उसे भिक्षा नहीं मिलती।

अतः प्रत्येक कार्य धैर्यपूर्वक करना चाहिए न कि उतावलापन दिखाकर अपने बनते काम को बिगाड़ देना चाहिए। अपने मन का संतुलन बनाए रखना चाहिए जिससे अधीरता अपने पंजे न गड़ा सके। यही धैर्य सफलता का मूलमंत्र है।

सुझाव विशेषज्ञों से

उसकी जिंदगी में जिन-जिन समस्याओं के आने के डर से मैं चिंतित रहता था, वो मुश्किल से 1 प्रतिशत ही मुझ तक आई, अतः जिन प्रश्नों से आप दबाव में हैं, उनके आने की संभावनाएँ ज्यादा नहीं होतीं, अतः जो आपको आता है, उसे और अच्छा करें।

हर विषय अपने आप में बहुत अच्छा और ज्ञानवर्धक होता है। किसी विषय से न घबराएँ। ये अपने परिवार के सभी रिश्तों की तरह है, जिन्हें हम कम या ज्यादा पसंद करते हैं, लेकिन सभी रिश्ते जीवन में अपनी योग्यता रखते हैं, उन्हें निभाना अपनी अहम भी एक कला है, उसी तरह विषयों को अपनाने में इन सभी का महत्त्व है।

समाधान योग से

सुरक्षा : एक पाद राजकपोतासन–एक पैर वाले कपोत सम्राट् की मुद्रा

लोग जब तक अपने माहौल से परिचित नहीं जो जाते, तब तक वे आम तौर पर औपचारिक ही रहते हैं। इसे प्रदर्शित करने का तरीका यह होता है कि वे अपने हाथ और पैर पर पैर चढ़ा लेते हैं। यहाँ तक कि नजरें मिलाने से भी कतराते हैं। शरीर के कुछ खास आसन व्यक्ति की रक्षात्मक अवस्था को दूर कर सकते हैं। एक पाद राजकपोतासन एक ऐसी मुद्रा है, जो रक्षात्मकता से परे जाने के लिए प्रोत्साहित करती है। हाथ फैलाने और जोड़ों में गति का दायरा बढ़ाने से ग्रहणशीलता बढ़ती है। जब कूल्हों को बाहरी ओर से घुमाया जाए, तो ऊर्जा संचार के लिए मुक्त होती है, जिससे भावनाएँ सतह पर आ जाती हैं। इससे मनुष्य आंतरिक विश्वास बनाना सीखता है, जो शारीरिक भाषा की तुलना में रक्षा का अधिक गहरा रूप है।

- घुटनों के बल बैठ जाएँ और हथेलियाँ फर्श पर रख लें।
- दायाँ पैर दाईं कलाई के बाहर की ओर फैला लें और दाईं एड़ी को जाँघों की ओर ले जाएँ।
- दाएँ पैर को फर्श पर रख लें और बायाँ पैर पीछे की ओर फैला लें।
- हाथों को फर्श पर दबाते हुए सीने को फर्श की ओर लाएँ।
- अपने हाथ सामने की ओर सीधे फैला लें।

□

14

योग प्राणायाम से समाधान

विद्यार्थी अपने आप को परीक्षा के दिन तक सँभाले रहते हैं, परंतु जैसे ही वह दिन आ जाता है, वे काफी बैचेन हो जाते हैं। रात को भी वे चिंता से सो नहीं पाते कि कल क्या होगा। जब वह समय आ जाता तो वे पूरी तरह अस्वस्थ हो जाते हैं। नींद मन और मस्तिष्क दोनों के लिए बहुत जरूरी है। पूरी नींद न लेने या नींद न आने के कारण कई प्रकार की शारीरिक और मानसिक बीमारियाँ हो सकती हैं। इससे स्वास्थ्य, व्यवहार, मिजाज और संबंधों पर विपरीत प्रभाव पड़ता है। अलग-अलग आयु-वर्ग और अलग-अलग तरह के कार्य करने वाले लोगों के लिए नींद के कुल घंटे अलग-अलग हो सकते हैं। चिंता, तनाव अथवा अत्यधिक थकान से अनिद्रा की समस्या उत्पन्न हो सकती है, इसलिए इनसे बचिए।

मनुष्य के मन में भिन्न-भिन्न प्रकार के संस्कार और विकार भरे पड़े हैं। बचपन से मन पर जिन विषयों का भी प्रभाव पड़ता है, वह मन में कहीं दब जाता है। जब भी काम, क्रोध, लोभ, अहंकार, डर, ईर्ष्या, राग व द्वेष का वेग आता है, तभी इनका प्रभाव शरीर, श्वास और मन पर पड़ता है। क्रोध में शरीर पर नियंत्रण नहीं रहता, शरीर की रंगत बदल जाती है, श्वास उखड़ जाता है। डर के प्रभाव से शरीर काँपने लगता है, रंग पीला पड़ जाता है, श्वास क्रिया भी रुकती है। इन सभी विकारों के शरीर और श्वास पर पड़ने वाले प्रभाव तो दिखते हैं, परंतु इनका मन पर पड़ने वाला प्रभाव दिखाई नहीं देता।

परीक्षा को लेकर चिंता के लक्षण

परीक्ष से पहले या परीक्षा के दौरान कुछ विद्यार्थी विभिन्न प्रकार की शारीरिक, मानसिक और व्यावहारिक परेशानियों का अनुभव करते हैं। कुछ विद्यार्थी तो यह समझ भी नहीं पाते कि ये परेशानियाँ परीक्षा की चिंता के कारण हैं। अगर आपको भी इस तरह की परेशानियाँ महसूस हो रही हैं तो संभव है कि आप भी परीक्षा की चिंता से ग्रस्त हैं।

शारीरिक	व्यावहारिक	मानसिक
थकावट	अनिद्रा	तनाव
सीने में दर्द	ढीलापन	चिंता
सिरदर्द	कक्षा में न बैठना	चिड़चिड़ापन
पेट में खराबी	अल्कोहल का सेवन	घबराहट
मांसपेशियों में तनाव	कैफीन का प्रयोग	निराशा
दिल की धड़कन तेज	बेचैनी	सशंकित

प्रमुख बात यह है कि बच्चों के दिमाग को अधिक स्वस्थ होने के लिए अधिक मात्रा में रक्तसंचार व अधिक ऑक्सीजन की जरूरत पड़ती है। इस कारण ही उनका दिमाग स्वस्थ रह पाता है और बात को शीघ्र समझने की क्षमता बढ़ जाती है। अत्यधिक खुशी अथवा अत्यधिक चिंता के कारण थोड़े समय के लिए नींद न आना या कम आना तो अस्थायी समस्या हो सकती है, जो बाद में स्वयं ही सामान्य हो जाती है; लेकिन यह समस्या यदि लंबे समय तक चल रही है तो इसका अर्थ है, इसके लिए निम्न में से कोई एक या एक से अधिक कारक जिम्मेदार हैं—

- सोने की खराब आदत, जिसमें सोने या उठने का कोई निश्चित समय नहीं होता।
- अनुपयुक्त जीवन-शैली।
- मनावैज्ञानिक समस्याएँ व पुरानी बीमारी।
- अन्य समस्याएँ—जैसे एलर्जी, पुराना कमर दर्द, हार्मोन परिवर्तन आदि।

वैसे तो अनिद्रा का कोई एक कारगर इलाज नहीं है, लेकिन इन सुझावों का पालन करके उसे कम करने में मदद मिलेगी। अगर अनिद्रा की समस्या से आपका स्वास्थ्य और दैनिक कार्य प्रभावित हो रहे हैं तो तत्काल किसी चिकित्सक से सलाह लीजिए। इसके अतिरिक्त नियमित योग और व्यायाम से भी अनिद्रा की समस्या से बचा जा सकता है। अकसर अनिद्रा की समस्या मानसिक तनाव या चिंता के कारण ज्यादा होती है।

एकाग्रता भंग करने वाली किसी भी स्थिति से बचिए। पढ़ते समय बार-बार उठना या किसी से मिलना आपकी एकाग्रता को भंग कर सकता है; इसलिए इससे बचिए। मानसिक तनाव या चिंता भी आपकी एकाग्रता में बाधा बन सकती है। एकाग्रता सचमुच किसी भी काम में सफल होने के लिए बहुत जरूरी है। आपने बगुले को मछली का शिकार करते हुए देखा होगा। कितनी एकाग्रता से वह मछली की हरेक हरकत को देखता रहता है। उस समय वह ऐसी गहरी एकाग्रता की स्थिति में होता है कि उसके अत्यंत निकट ही होने वाली सामान्य घटनाओं के बारे में भी उसे एहसास नहीं हो पाता। जब उसे लगता है कि अब वह मछली को पकड़ सकता है, तो एकदम उस पर लपक पड़ता है।

मन : किसी एक विषय पर टिके रहना मन को पसंद नहीं, जब इसे किसी एक वस्तु या विषय पर लगाया जाता है, तो यह भागकर दूसरे विचारों या विषयों पर चला जाता है। बेकार के विचारों में पड़ जाता है। हर दिशा में घूमता है, बेलगाम घोड़े की भाँति हर ओर भागता फिरता है। किसी एक विषय पर टिकना इसका स्वभाव नहीं। मन बहुत गतिशील है। प्रकाश की गति तो 1,86,000 मील प्रति सेकेंड है, पर मन की गति तो नापी नहीं जा सकती, इसको हर समय गति चाहिए। मन वर्तमान में रहना नहीं चाहता, वर्तमान में तो इसका दम घुटता है, भूतकाल और भविष्य ही पसंद हैं।

ध्यान : ध्यान शब्द का प्रयोग हम लोग दिन में कई बार करते हैं, जैसे—जरा ध्यान से चलना, कहीं ठोकर न लग जाए या कोई दुर्घटना न हो जाए। बच्चों से हम अकसर कहते हैं—'ध्यान लगाकर पढ़ो, तुम्हारा ध्यान तो खेल में है।' 'काम तो खराब होगा ही, जब काम कहीं होगा और ध्यान कहीं। तुम्हारा

ध्यान कहाँ है?' 'देखकर नहीं चला जाता क्या?' आदि सवाल ध्यान की रोजमर्रा की प्रक्रिया बताते हैं। ध्यान का मतलब है, वर्तमान में रहना। वर्तमान में रहने से ही हम अपने हर काम को ठीक तरह से कर सकते हैं—ठीक सुन सकते हैं, ठीक बोल सकते हैं, ठीक सोच सकते हैं। वर्तमान में रहने से ही हम उचित व सही निर्णय ले सकते हैं। ध्यान वर्तमान में रहने की कला है, ध्यान मन को एक दायरे में बाँधता है, उसे दिशा दे देता है। मन इच्छाओं की उत्पत्ति करता है और यह काम हर समय होता रहता है। एक इच्छा पूरी हुई तो उसने अनेक इच्छाओं को जन्म दिया। इच्छाएँ अनंत हैं और उनकी पूर्ति होना असंभव है। इच्छाओं की पूर्ति न होना या उनका दबाया जाना ही तरह-तरह के क्लेशों व दुःखों का कारण बनता है।

योग : योग में मन को जीतने के लिए पहले इंद्रियों को साधन बनाते हैं, फिर मन को। इस प्रकार मन से ही मन को वश में करते हैं, जैसे कि काँटे से काँटा निकाला जाता है। मन को साधने के लिए पूजा, कीर्तन, जप, हवन, यज्ञ, ज्ञान, कर्म, तप आदि बहुत से साधन हैं, पर ध्यान इन सबमें श्रेष्ठ है। ध्यान से मन की उछल-कूद खत्म होती है, दौड़ बंद होती है। मन को विश्राम मिलता है। ध्यान मन व बुद्धि की सोई हुई शक्तियों को जगाता है। ध्यान की क्रिया बिल्कुल वैसी है, जैसी कि एक विशेष तरह के शीशे की। आतिशी शीशा सूरज की बिखरी किरणों को एक ऐसी विशेष दिशा देता है, जिससे उसके सामने रखा कपड़ा या कागज आदि वस्तुएँ जलने लगती हैं। किरणें थी पर केंद्रित नहीं थीं—बिखरी हुई थीं। आतिशी शीशे के उन किरणों को केंद्रित करके एक विशेष गुण से संपन्न बना दिया।

अच्छी स्मरणशक्ति अध्यापक, विद्यार्थी, वकील, व्यवसायी आदि सभी के लिए जरूरी है। अपनी स्मरणशक्ति ठीक बनाकर हम अपनी पढ़ाई के साथ-साथ अपने कामों को भी आसान बना सकते हैं। हमारा मस्तिष्क एक कंप्यूटर तंत्र की तरह काम करता है, जिसमें कंप्यूटर की तरह ही ढेर सारी सूचनाओं को संचित करके रखा जा सकता है और जरूरत पड़ने पर उसे प्रयोग में भी लाया जा सकता है। अच्छी स्मरणशक्ति के लिए मस्तिष्क का स्वस्थ होना जरूरी है। अतः स्मरणशक्ति को बनाए रखने के लिए मस्तिष्क को भी

स्वस्थ रखना होगा। मस्तिष्क का भी सीधा संबंध शरीर से है। शरीर स्वस्थ है तो मस्तिष्क भी स्वस्थ हो सकता है। इस प्रकार शरीर को स्वस्थ रखकर मस्तिष्क और स्मरणशक्ति दोनों को स्वस्थ रखा जा सकता है। कुछ लोगों की स्मरण-शक्ति इतनी अच्छी होती है कि वे बिना विशेष प्रयास के ही ढेर सारी जानकारियों को याद रख सकते हैं और जरूरत पड़ने पर उनका प्रयोग कर सकते हैं।

ध्यान के साधन

आसन : आसन करते हुए ध्यान पूर्णतया आसन पर लगाएँ। शरीर के जिस अंग पर आसन का दबाव पड़े, उसी अंग पर मन स्थिर करें। इससे चित्त एकाग्र होने लगता है। आसन मन को एकाग्र करने का सरल साधन है। इससे शारीरिक स्वास्थ्य तो मिलता ही है, साथ ही मानसिक स्वास्थ्य और शक्ति भी मिलती है। आसन से वापस आने के बाद आराम की स्थिति में उससे मिले अनुभव को देखें।

मन की एकाग्रता को बढ़ाकर अपनी स्मरणशक्ति को भी बढ़ाया जा सकता है। इसके लिए आप जो भी सामग्री पढ़ें या सुनें, उस पर अपने मन को पूरी तरह से एकाग्र रखें। सामग्री के अनुसार ही मन में एक प्रत्यक्ष स्थिति की कल्पना करें और उसे मन में बैठाने की कोशिश करें। इससे आपको जल्दी समझ में भी आएगा और वह आपकी स्मृति में भी बैठ जाएगा।

प्राणायाम : मन और प्राण का बहुत घना संबंध है। चित्त की अस्थिरता के दो कारण हैं—एक वासना और दूसरा प्राण। इनमें एक पर विजय मिल जाए तो दूसरे पर स्वयं ही मिल जाती है। मन की चंचलता को दूर करने का, मन को एकाग्र करने का, मन को शांत करने का प्राणायाम सबसे सरल और सबसे उत्तम साधन है।

विचार-दर्शन : ध्यान में बैठिए। जो विचार मन में आए, आने दीजिए। विचारों को लाना नहीं है, रोकना नहीं है, दबाना नहीं है। केवल दृष्टा बनकर विचारों को चुपचाप देखते जाना है कि मन कैसे एक विचार से दूसरे विचार पर, एक घटना से दूसरी घटना पर घूमता है, पुरानी घटनाओं को दोहराता है,

भविष्य की कल्पनाएँ करता है। आप केवल देखते जाइए। ऐसा भाव लाइए कि आप मन नहीं हैं।

योग में मजेदार बात यही है कि हर प्रकार के लोग इससे लाभ उठा सकते हैं। हर स्वभाव के मनुष्य इन चक्रों में से किसी चक्र पर ध्यान लगा सकते हैं। अपनी शारीरिक व मानसिक अवस्था के अनुसार ही अपने लिए चक्र का चुनाव किया जाता है। आप मन और उसके कार्यों को देख रहे हैं। कुछ दिनों के अभ्यास से ही, जैसे ही आप मन के कार्यों को देखने बैठेंगे, विचार थमने लगेंगे, मन की गति रुकने लगेगी। मन स्थिर होने लगेगा। लेकिन यह सब करने से ही होगा, इसीलिए योग को करने की विद्या कहा गया है और यह इसी संसार में रहकर हो सकता है। ध्यान की जितनी भी विधियाँ हैं, सब इसी के साधन हैं।

अपनी स्मरण-शक्ति बढ़ाइए

स्वयं पर या अपने मस्तिष्क पर अनावश्यक दबाव बनाने से बचिए। भूलना एक समस्या जरूर है, लेकिन इस समस्या को लेकर अत्यधिक चिंतित होना उससे भी बड़ी समस्या पैदा कर सकता है। चिंता या मानसिक तनाव से स्मृति और सोचने की शक्ति पर बुरा प्रभाव पड़ता है। इसलिए इससे बचिए।

- **रुचि**—किसी भी काम में पूर्ण सफलता के लिए सबसे पहले जरूरी है कि उस काम में आपकी रुचि हो। अतः याद करते समय ध्यान रखिए कि यह मेरे जीवन के लिए बहुत महत्त्वपूर्ण है; और इसके साथ ही उसमें रुचि बढ़ाने की कोशिश भी कीजिए।
- **इरादा**—कोई जानकारी याद रखने के लिए जरूरी है कि उसके संबंध में सकारात्मक सोच रखी जाए; उसके पीछे एक इरादा रखा जाए।
- **आधार**—आपके आधारभूत ज्ञान की नींव जितनी मजबूत होगी, उस पर उतनी ही बड़ी ज्ञान की इमारत खड़ी की जा सकेगी। अतः अपना आधारभूत ज्ञान खूब बढ़ाइए।

अनुलोम-विलोम या नाड़ीशोधन प्राणायाम (पहली विधि)

अनुलोम विलोम प्राणायाम का अभ्यास विद्यार्थियों के लिए बहुत ही शक्तिशाली होता है। इस प्राणायाम द्वारा मन एकाग्र होता है। आज्ञाचक्र का जागरण होता है। इससे इड़ा-पिंगला नाड़ियों का शोधन होता है तथा प्राणों का संतुलन बनाने में सहायता मिलती है। प्राणायाम सीखने के लिए शुरुआत में अनुलोम-विलोम का अभ्यास किया जाता है। फिर क्रमशः अन्य प्राणायामों का अभ्यास किया जाता है। अनुलोम-विलोम को ठीक से साधकर ही दीर्घ कुंभक, कपालभाती, भस्त्रिका आदि प्राणायाम किए जाते हैं।

अनुलोम-विलोम प्राणायाम करते समय तीन क्रियाएँ करते हैं—

1. पूरक, 2. कुंभक, 3. रेचक। इसे ही हठयोगी अभ्यांतर वृत्ति, स्तंभ वृत्ति और बाह्य वृत्ति कहते हैं।

1. पूरक—अर्थात नियंत्रित गति से श्वास अंदर लेने की क्रिया को पूरक कहते हैं।

2. कुंभक—अंदर की हुई श्वास को क्षमतानुसार रोककर रखने की क्रिया को कुंभक कहते हैं।

3. रेचक—अंदर ली हुई श्वास को नियंत्रित गति से छोड़ने की क्रिया को रेचक कहते हैं।

इस पूरक, रेचक और कुंभक की प्रक्रिया को ही अनुलोम-विलोम कहते हैं। इसके बारे में योगाचार्यों के मत अलग-अलग हैं। इसे ठीक प्रक्रिया से करते हैं अर्थात पतंजलि के अनुसार 1:4:2 के अनुपात में किया जाता है। इसे नाड़ी शोधन प्राणायाम भी कहा जाता है।

विधि

- अपनी सुविधानुसार पद्मासन, सिद्धासन, स्वस्तिकासन अथवा सुखासन में बैठ जाएँ।
- दाहिने हाथ के अंगूठे से नासिका के दाएँ छिद्र को बंद कर लें और नासिका के बाएँ छिद्र से 4 तक की गिनती में साँस को भरे और फिर बाईं नासिका को अंगूठे के बगल वाली दो अंगुलियों से बंद कर दें। तत्पश्चात दाहिनी नासिका से अंगूठे को हटा दें और दाईं नासिका से सांस को बाहर निकालें।

- अब दाईं नासिका से ही सांस को 4 की गिनती तक भरे और दाईं नाक को बंद करके बाईं नासिका खोलकर सांस को 8 की गिनती में बाहर निकालें।
- इस प्राणायाम को 5 से 15 मिनट तक कर सकते हैं।

लाभ

- तनाव घटाकर शांति प्रदान करनेवाले इस प्राणायाम से सभी प्रकार की नाड़ियों को भी स्वास्थ्य लाभ मिलता है।
- नेत्र ज्योति बढ़ती है और रक्त संचालन सही रहता है। अनिद्रा रोग में यह प्राणायाम लाभदायक है।
- मस्तिष्क के सभी विकारों को दूर करने में सक्षम है।
- इसके नियमित अभ्यास से शरीर की समस्त नाड़ियों का शोधन होता है यानी वे स्वच्छ व निरोग बनी रहती है।
- इसके अभ्यास से शरीर की समस्त नाड़ियाँ शुद्ध हो जाती हैं, जिससे शरीर दोषरहित, पवित्र, निर्मल और हल्का हो जाता है।
- शरीर की ऊर्जा व्यवस्थित होकर ऊर्ध्वगामी होने लगती है।
- स्नायु तंत्र संबंधी रोग दूर होते हैं एवं मन शांत और एकाग्र हो जाता है।
- विचारों में सकारात्मकता, सृजनात्मकता व रचनात्मकता बढ़ती है। तनाव, क्रोध, चिंता, चिड़चिड़ापन, भय, घबराहट, अशांति, बेचैनी, हाई ब्लडप्रेशर, माइग्रेन, नींद न आना, कंपवात आदि मन-मस्तिष्क के विकार दूर होते हैं।
- अनुलोम-विलोम प्राणायाम से अधिक मात्रा में आक्सीजन उपलब्ध होने के कारण संपूर्ण शरीर का पोषण होता है।
- कार्बनडाइऑक्साइड का निष्कासन कुशलतापूर्वक होता है और विषाक्त तत्त्वों के बाहर निकल जाने के कारण रक्त शुद्ध हो जाता है।
- मस्तिष्क-केंद्र उत्तेजित होकर अपनी अधिकतम क्षमता से कार्य करने लग जाते हैं।
- इससे शांति, विचारों में स्पष्टता और एकाग्रता की प्राप्ति भी होती है। अतः जो लोग मानसिक कार्यों में लगे रहते हैं उन्हें यह अभ्यास करने

का परामर्श दिया जाता है।

- फेफड़े शक्तिशाली होते है। सर्दी, जुकाम व दमा की शिकायतों से काफी हद तक बचाव होता है। हृदय बलवान होता है।
- इस प्राणायाम से शरीर की सभी नाड़ियाँ परिशुद्ध हो जाती हैं।

सावधानियाँ

- कमजोर और एनीमिया से पीड़ित इस प्राणायाम के दौरान साँस भरने और साँस निकालने (रेचक) की गिनती को क्रमशः चार-चार ही रखें। अर्थात् चार गिनती में साँस का भरना तो चार गिनती में ही सांस को बाहर निकालना है।
- अनुलोम-विलोम प्राणायाम करते समय यदि नासिका के सामने आटे जैसी महीन वस्तु रख दी जाए, तो पूरक व रेचक करते समय वह न अंदर जाए और न अपने स्थान से उड़े। अर्थात् साँस की गति इतनी सहज होनी चाहिए कि इस प्राणायाम को करते समय स्वयं को भी आवाज न सुनायी पड़े।
- यदि घुटनों और कमर दर्द के कारण नीचे बैठने में असुविधा हो, तो कुर्सी पर बैठकर भी यह प्राणायाम किया जा सकता है।
- यह प्राणायाम करते समय आँखें बंद करके मन में यही भाव रखें कि इड़ा पिंगला नाड़ियों में घर्षण होने से सुषुम्ना नाड़ी जागृत हो रही है और मूलाधार चक्र से लेकर सहारि चक्र तक ऊर्जा का प्रवाह हो रहा है। पूरा शरीर निर्मल, स्वस्थ एवं निरोगी होता जा रहा है।

अनुलोम-विलोम या नाड़ीशोधन प्राणायाम (दूसरी विधि)

मनुष्य के रहन-सहन में अज्ञान अथवा प्रमादवश जो भूलें हो जाती हैं, उनके कारण शरीर में मलवृद्धि होती रहती है। यह मल देह के समस्त नाड़ी जाल को गंदा और अवरुद्ध कर देता है। प्राणायाम के दौरान शुद्ध वायु खींचकर उसमें सम्मिलित प्राण शक्ति को रक्त के साथ मिलाकर उस मल को भस्म करके बाहर निकाल दिया जाता है। इस प्रकार नाड़ियों के शुद्ध होने से रक्त का प्रवाह अबाध गति से समस्त शरीर में होने लगता है और उसकी चैतन्यता, स्फूर्ति पहले की

अपेक्षा बहुत बढ़ जाती है। विधि

- सहज आसन में मेरुदंड सीधा करके बैठिए।
- प्राणायाम मुद्रा में दायाँ नथुना बंद करके बाएँ नथुने से गहरी श्वास खींचिए और उसे नाभि चक्र तक ले जाइए।
- ध्यान कीजिए कि नाभि स्थान में पूर्णिमा के पूर्ण चंद्र के समान पीतवर्ण शीतल प्रकाश विद्यमान है। खींचा हुआ श्वास उसे स्पर्श कर रहा है। आसानी से जितना संभव हो श्वास भीतर रोकिए।
- ध्यान कीजिए, पूर्ण चंद्र को खींचा हुआ श्वास स्पर्श करके स्वयं शीतल और प्रकाशवान बन रहा है। जिस नथुने से श्वास खींचा था, उसी बाएँ छिद्र से ही श्वास बाहर निकालिए।
- ध्यान कीजिए लौटनेवाली वायु इड़ा नाड़ी को शीतल प्रकाशवान बना रही है।
- कुछ देर श्वास बाहर रोकिए और फिर से उपर्युक्त क्रिया बाएँ नथुने से ही तीन बार कीजिए।
- जिस प्रकार बाएँ नथुने से पूरक, अंतः कुंभक, रेचक, बाह्य कुंभक किया था, उसी प्रकार दाहिने नथुने से भी उपर्युक्त क्रिया तीन बार कीजिए।
- नाभि चक्र में चंद्रमा के स्थान पर सूर्य का ध्यान कीजिए और श्वास छोड़ते समय भावना कीजिए, लौटनेवाली वायु पिंगला नाड़ी के भीतर ऊष्णता एवं प्रकाश पैदा कर रही है।
- अब नासिका के दोनों छिद्रों से श्वास लीजिए, भीतर रोकिए और मुँह खोलकर श्वास बाहर निकाल दीजिए।
- तीन बार बाएँ नासिका से श्वास खींचना-छोड़ना, तीन बार दाएँ नासिका से श्वास खींचना-छोड़ना तथा एक बार दोनों नासिका छिद्र से श्वास खींचना और मुँह से निकालना, यह सात विधान मिलकर एक नाड़ी शोधन प्राणायाम हुआ। ऐसे तीन प्राणायाम पूरे कीजिए शेष समय में सहज लयबद्ध श्वास के साथ शांति का अनुभव कीजिए।
- शुरुआत और अंत भी हमेशा बाए नथुने से ही करनी है। दायाँ नथुना बंद करें व बाएँ से लंबी साँस लें, फिर बाएँ को बंद करके, दाएँ वाले से लंबी साँस छोड़ें। अब दाएँ से लंबी साँस लें व बाएँ वाले से छोड़ें। यानी

दायाँ-दायाँ, बायाँ-बायाँ यह क्रम रखना चाहिए।

- यह प्रक्रिया 10-15 मिनट तक दुहराएँ। साँस लेते समय दोनों आँखों के बीच स्थित आज्ञा चक्र पर ध्यान एकत्रित करना चाहिए और मन-ही-मन ओ३म् का जाप करते रहना चाहिए।
- इससे हमारे शरीर की 72,72,10,210 सूक्ष्म नाड़ियाँ शुद्ध हो जाती हैं।
- ठंडी और गरम हवा के उपयोग से हमारे शरीर का तापमान संतुलित रहता है। इससे हमारी रोग-प्रतिरोधक शक्ति बढ़ जाती है।

लाभ

- 72 हजार नाड़ियों की शुद्धि होती है तथा रक्त स्वच्छ होता है।
- आँखों की रोशनी बढ़ती है और नेत्रों के विकार दूर हो जाते हैं।
- शरीर की सूक्ष्म नाड़ियाँ शुद्ध हो जाती हैं।
- हार्ट के ब्लॉकेज खुल जाते हैं।
- उच्च और निम्न दोनों रक्तचाप ठीक हो जाते हैं।
- विजातीय पदार्थ शरीर के बाहर निकल जाते हैं।
- मनोरोगियों को फायदा होता है।
- किडनी स्वाभाविक रूप से स्वच्छ होती है। डायलेसिस करने की जरूरत नहीं पड़ती।
- स्मृति बढ़ती है।
- सर्दी, खाँसी, नाक, गला ठीक हो जाता है।
- दिमागी रोग ठीक हो जाते हैं।
- शरीर को ज्यादा ऑक्सीजन प्राप्त होती है।
- विचारों में सकारात्मकता आती है तथा जीवन के प्रति दृष्टिकोण बदल जाता है।
- मस्तिष्क शांत रहता है और सभी तरह की चिंताएँ दूर हो जाती हैं।
- प्रतिदिन तीन बार नाड़ी शोधन करने से रक्त संचार ठीक तरह से चलने लगता है। इसके नियमित अभ्यास से बधिरता और लकवा जैसे रोग भी मिट जाते हैं।
- इससे शरीर में ऑक्सीजन का स्तर बढ़ जाता है।

सावधानियाँ

- इस प्राणायाम को सभी लोग कर सकते हैं। इसे करते समय मुँह से श्वास नहीं लेना चाहिए।
- किसी भी प्रकार की असुविधा होने पर प्राणायाम का अभ्यास न करें।
- श्वास की गति धीमी रखें।
- कमर, पीठ, रीढ़ और गर्दन बिल्कुल सीधी रखें। नाड़ी शोधन प्राणायाम की खासियत यह है कि इसे न सिर्फआप रोज सुबह कर सकते हैं बल्कि शाम को या सोने से पहले यह प्राणायाम मिनटों में आपका तनाव कम करेगा और इससे आप तरोताजा महसूस करेंगे। इसे अनुलोम-विलोम प्राणायाम भी कहते हैं। इससे शरीर का रक्त संचार ठीक रहता है और अच्छी नींद आती है।

उज्जायी प्राणायाम

उज्जायी प्राणायाम से हम अपनी साँसों पर विजय पा सकते हैं। उज्जायी प्राणायाम करते समय समुद्र की लहरों जैसी ध्वनी आती है। उज्जायी प्राणायाम करने से गर्म हवा शरीर में जाती है जो शरीर में बसे दूषित और जहरीले पदार्थ बाहर निकालने में मदद करती है।

उज्जायी प्राणायाम उत् वजयी शब्दों से मिलकर बना है। उत् अर्थात् ऊर्ध्वगति तथा जयी का अर्थ है इंद्रिय जय होना अर्थात् इंद्रिय जय सहित प्राणों के उन्नयन में इससे मदद मिलती है। कंठ में विशुद्धि चक्र है, यह चक्र मस्तिष्क तथा हृदय के बीच में दोनों के बीच समन्वय संतुलन बनाता है, इसलिए इस प्राणायाम में कंठ को सक्रिय करते हुए प्राणायाम किया जाता है। यह प्राणायाम शांति के साथ-साथ शरीर को उष्णता प्रदान करता है। अनिद्रा को दूर करता है। उच्च रक्तचाप के रोगियों के लिए उपयोगी है। यह प्राणायाम रक्त, अस्थि, मज्जा, मेद, वीर्य, त्वचा एवं मांस की व्याधि को दूर करता है।

विधि

- पद्मासन या सुखासन में बैठ जाएँ। कमर, गरदन, पीठ बिल्कुल सीधी हो।

- दोनों हाथ की अंगुलियों को ज्ञान मुद्रा में दोनों घुटने पर रखें।
- साँस की गति को सामान्य रखते हुए मस्तिष्क के विचारों को शांत करें, फिर आँखें बंदकर लें। उसके बाद कंठ को संकुचित करके जीभ को उलटकर इसकी नोंक को तालू से लगाए। यह 'खेचरी मुद्रा' कहलाती है।
- अब दोनों नासिका छिद्र से धीरे-धीरे श्वास लें और गले में घर्षण करते हुए श्वास अंदर ले जाएँ, इसको आवाज के साथ करें।
- कुछ देर साँस अपनी क्षमतानुसार रोककर फिर दाहिने नासिका छिद्र को दाएँ हाथ के अंगूठे से दबाएँ और फिर कंठ का संकुचन करते हुए बाएँ नासिका छिद्र से धीरे-धीरे श्वास बाहर निकालें। यह इस प्राणायाम का एक चक्र पूरा हुआ। कम-से-कम 10 चक्र अभ्यास अवश्य करें।

लाभ

- गलगंड, कंठ-माला, टॉन्सिल जैसे रोग दूर हो जाते हैं।
- थायराइड पैरा-थायराइड पर प्रभाव डालता है।
- फेफड़े मजबूत होते और उनकी प्राणवायु लेने की क्षमता में वृद्धि होती है।
- उच्च रक्तचाप से पीड़ित व्यक्तियों को लाभ होता है।
- अमन को शांत तथा ध्यान के लिए तैयार करने की यह आसान विधि है।
- निराशा और तनाव को दूर करने में अत्यंत लाभप्रद।
- हृदय रोगियों के लिए लाभप्रद।
- पीठदर्द में हितकर। कमर में जमी अतिरिक्त चर्बी कम होती है और मोटापे में लाभदायक।
- शरीर के दूषित पदार्थ बाहर निकल जाते हैं और चेहरे पर तेज आता है।
- दमा और टीबी से पीड़ित व्यक्तियो को बहुत लाभ होता है।
- खराटों से पीड़ित व्यक्तियों के लिए उज्जाई प्राणायाम बेहद लाभदायक है।
- तुतलाना, हकलाना जैसी शिकायतें दूर होती हैं।
- अनिद्रा, मानसिक तनाव कम होता है।

- कफदोष, तपेदिक और प्लीहा के रोग दूर हो जाते हैं।
- कंठ, फेफड़ा, नाक, कान, गले आदि के लिए रामबाण का काम करता है।
- सर्दी, जुकाम, निम्न-रक्तचाप के लिए भी उश्रम प्राणायाम है।

सावधानियाँ

- ठोड़ी को थोड़ा झुका लें।
- गले में सरसराहट की आवाज के साथ श्वास खींचें, थोड़ी देर रोकें, पुनः दोनों नथुनों से श्वास बाहर निकाल दें।
- नासिका में आती-जाती श्वास के प्रति सजग बने रहें और श्वसन को धीमा एवं लयपूर्ण होने दें। थोड़ी देर बाद अपनी सजगता गले पर ले जाएँ। ऐसा अनुभव करें कि श्वास नासिका से नहीं, बल्कि गले के एक छोटे से छिद्र से आ-जा रही है।
- श्वास की आवाज बहुत तेज नहीं होनी चाहिए। वह केवल अभ्यासी को सुनाई पड़नी चाहिए। दूसरा व्यक्ति जब तक बहुत निकट न बैठा हो, उसे यह आवाज सुनाई नहीं पड़नी चाहिए।
- हृदय रोगी और दूषित वातावरण में इसका अभ्यास न करें।
- सरसराहट की ध्वनी गले से निकाले। यह ध्वनी छोटे बच्चे की नींद में आनेवाली आवाज समान होगी।
- उज्जायी प्राणायाम शुरुआत में 2 से 3 मिनट तक करें और धीरे-धीरे समय बढ़ाते हुए 10 मिनट तक कर सकते हैं।
- साँस छोड़ने का समय सांस लेने के समय से दोगुना रखें।
- ध्यान रखें कि उज्जायी प्राणायाम करते समय आवाज आपके कंठ के ऊपरी हिस्से से निकलना चाहिए न कि नाक के सामनेवाले हिस्से से।
- उज्जायी प्राणायाम कभी भी किया जा सकता है पर अधिक लाभ के लिए इसका अभ्यास सुबह की ताजी हवा में खाली पेट करना चाहिए।
- ध्यान रहे कि अभ्यास के दौरान चेहरे को विकृत न करें।

सुझाव विशेषज्ञों से

हमें तनाव-मुक्त हो कर पढ़ाई करनी चाहिए और खुले मन से किताबों को पढ़ना चाहिए। इनसान अगर खुशदिल है, तो वह से अच्छी पढ़ाई कर सकता है तथा मन लगाकर पढ़ें तो वह अच्छी बुलंदियों को छू सकता है। हर इनसान को खुश रहना चाहिए, अगर इनसान खुशदिल रहेगा तो बुलंदियों को छू सकता है, जीवन में अच्छा आदमी बन सकता है और अपने माता-पिता का नाम रोशन कर सकता है।

समाधान योग से

एक उत्तम साधना : पद्म या सिद्ध आसन

पद्म या सिद्ध आसन में बैठकर पहले ध्यान को श्वास-क्रिया पर लगाएँ। श्वास को अंदर जाते और बाहर निकलते देखें। मन को श्वास पर केंद्रित करें और धीमे गंभीर स्वर में 11 बार ओ३म् की ध्वनि करें। फिर मन-ही-मन 5 बार ओ३म् की ध्वनि करें। इसमें आवाज न निकले। ध्यान ओ३म् की ध्वनि पर रहे। फिर मंत्र का मन-ही-मन श्वास-क्रिया के साथ मिलाकर जाप करें, ध्यान भूमध्य में ले जाएँ। उसे वहाँ अपने ईष्ट-देवता पर लगाएँ। मन-ही-मन अपने ईष्ट देवता के दर्शन करें। फिर एक मिनट के लिए मन को निर्विचार कर दें। मन में कोई विचार न हो, मन विचारों से शून्य हो जाए, मानो मन को छुट्टी मिल गई है। मन आराम कर रहा है। मन विश्राम कर हरा है। फिर मन में चेतना लाएँ। ध्यान को पहले अपने ईष्ट देवता पर लगाएँ, फिर भ्रुमध्य में ध्यान करें। मंत्र पर ले जाएँ। मन-ही-मन ओ३म् का दो बार जाप करें। फिर 5 बार ध्वनि-योग करें। इस प्रकार श्वास-प्रश्वास पर लाते हुए साधना को समाप्त करें।

सिद्धासन व पद्मासन बहुत उत्तम हैं, नहीं तो सुखासन। खाना खाए तीन-चार घंटे न हुए हों, तो वज्रासन में बैठें। सिर का पिछला भाग, गरदन व रीढ़ की हड्डी एक सीध में हो। शरीर में तनाव न हो। दोनों हाथ ज्ञान-मुद्रा में घुटनों पर रखें। आँखें आराम से बंद रखें।

□□□